人生大学名人讲堂

贝多芬
同命运抗争的坎坷人生

TONG MINGYUN KANGZHENG DE
KANKE RENSHENG

主　编：拾　月
副主编：王洪锋　卢丽艳
编　委：张　帅　车　坤　丁　辉
　　　　李　丹　贾宇墨

吉林出版集团股份有限公司
全国百佳图书出版单位

图书在版编目（CIP）数据

贝多芬：同命运抗争的坎坷人生 / 拾月主编. --长春：吉林出版集团股份有限公司，2016.2（2022.4重印）

（人生大学讲堂书系）

ISBN 978-7-5581-0756-6

Ⅰ.①贝… Ⅱ.①拾… Ⅲ.①贝多芬，L.V.（1770～1827）-生平事迹-青少年读物 Ⅳ.①K835.165.76-49

中国版本图书馆CIP数据核字（2016）第041406号

BEIDUOFEN TONG MINGYUN KANGZHENG DE KANKE RENSHENG

贝多芬·同命运抗争的坎坷人生

主　　编	拾　月
副主编	王洪锋　卢丽艳
责任编辑	杨亚仙
装帧设计	刘美丽

出　　版	吉林出版集团股份有限公司
发　　行	吉林出版集团社科图书有限公司
地　　址	吉林省长春市南关区福祉大路5788号　邮编：130118
印　　刷	鸿鹄（唐山）印务有限公司
电　　话	0431-81629712（总编办）　0431-81629729（营销中心）
抖 音 号	吉林出版集团社科图书有限公司　37009026326

开　　本	710 mm×1000 mm　1 / 16
印　　张	12
字　　数	200 千字
版　　次	2016 年 3 月第 1 版
印　　次	2022 年 4 月第 2 次印刷

书　　号	ISBN 978-7-5581-0756-6
定　　价	36.00 元

如有印装质量问题，请与市场营销中心联系调换。0431-81629729

"人生大学讲堂书系"总前言

昙花一现，把耀眼的美只定格在了一瞬间，无数的努力、无数的付出只为这一个宁静的夜晚；蚕蛹在无数个黑夜中默默地等待，只为了有朝一日破茧成蝶，完成生命的飞跃。人生也一样，短暂却也耀眼。

每一个生命的诞生，都如摊开一张崭新的图画。岁月的年轮在四季的脚步中增长，生命在一呼一吸间得到升华。随着时间的推移，我们渐渐成长，对人生有了更深刻的认识：人的一生原来一直都在不停地学习。学习说话、学习走路、学习知识、学习为人处世……"活到老，学到老"远不是说说那么简单。

有梦就去追，永远不会觉得累。——假若你是一棵小草，即使没有花儿的艳丽，大树的强壮，但是你却可以为大地穿上美丽的外衣。假若你是一条无名的小溪，即使没有大海的浩瀚，大江的奔腾，但是你可以汇成浩浩荡荡的江河。人生也是如此，即使你是一个不出众的人，但只要你不断学习，坚持不懈，就一定会有流光溢彩之日。邓小平曾经说过："我没有上过大学，但我一向认为，从我出生那天起，就在上着人生这所大学。它没有毕业的一天，直到去见上帝。"

人生在世，需要目标、追求与奋斗；需要尝尽苦辣酸甜；需要在失败后汲取经验。俗话说，"不经历风雨，怎能见彩虹"，人生注定要九转曲折，没有谁的一生是一帆风顺的。生命中每一个挫折的降临，都是命运驱使你重新开始的机会，让你有朝一日苦尽甘来。每个人都曾遭受过打击与嘲讽，但人生都会有收获时节，你最终还是会奏响生命的乐章，唱出自己最美妙的歌！

正所谓，"失败是成功之母"。在漫长的成长路途中，我们都会经历无数次磨炼。但是，我们不能气馁，不能向失败认输。那样的话，就等于抛弃了自己。我们应该一往无前，怀着必胜的信念，迎接成功那一刻的辉煌……

感悟人生，我们应该懂得面对，这样人生才不会失去勇气……

感悟人生，我们应该知道乐观，这样生活才不会失去希望……

感悟人生，我们应该学会智慧，这样在社会上才不会迷失……

本套"人生大学讲堂书系"分别从"人生大学活法讲堂""人生大学名人讲堂""人生大学榜样讲堂""人生大学知识讲堂"四个方面，以人生的真知灼见去诠释人生大学这个主题的寓意和内涵，让每个人都能够读完"人生的大学"，成为一名"人生大学"的优等生，使每个人都能够创造出生命中的辉煌，让人生之花耀眼绚丽地绽放！

作为新时代的青年人，终究要登上人生大学的顶峰，打造自己的一片蓝天，像雄鹰一样展翅翱翔！

"人生大学名人讲堂"丛书前言

  名人是一面镜子。名人成功背后的经验是我们成长路上宝贵的精神财富，名人的失败教训会让我们在人生奋斗的历程中多几分冷静，少走几段弯路。古往今来成大器者，都十分重视吸取名人的经验教训。牛顿说："我之所以成功，是因为我站在了巨人的肩上。"现代社会竞争激烈，每个想在成长途中少走弯路、多几分成功机率的人，都没有理由不去关注名人。我们不应忘记，那些站在世界历史殿堂里发出宏音、在人类文明进程中留下足迹的英杰伟人。他们以身作则，鞠躬尽瘁，奉献自己的光和热，为人类文明的进步起到了不可忽视的作用。

  "人生大学名人讲堂"丛书选择世界上最具代表性的10位各领域的名人，以传记故事为载体，通过生动有趣的故事，全方位地讲述其成长历程、主要成就和性格身份特征，真实地还原了一个时代伟人。本丛书用生动、富于文采的语言描述了各领域名人的生平轶事、成功轨迹，行文流畅，文笔优美，引人入胜。丛书内容翔实，不仅生动地记载了每位名人的生平经历，而且客观地总结了他们的成功经验和失败教训，文字通俗易懂，融知识性、趣味性于一体，足以为今人提供借鉴，帮助大家做一个有所作为、有益于社会的人。

　　此套丛书不同于名人传记大量罗列人物所取得成就的做法，避免行文苍白、单调的缺点，无论是《乔布斯·用思想改变世界的传奇人生》《爱迪生·光明使者的精彩人生》《特蕾莎修女·在爱中永生的灿烂人生》《爱因斯坦·科学巨人的人生启示》《贝多芬·同命运抗争的坎坷人生》，还是《卡耐基·洞悉人性的人生导师》《巴菲特·天才投资家的人生感悟》《松下幸之助·经营之神的人生智慧》《原一平·推销之神的人生真谛》《比尔·盖茨·世界首富的慷慨人生》，我们都能全方位地以一个常人的角度来解读人物的一生，客观地评价人物性格，看待人物的喜怒哀乐、人生起伏，从而在他们身上得到可以在今天的现实生活中实际应用的人生智慧和处世准则，同时也吸取他们身上的教训，在阅读他人人生故事的过程中完善自我人格。

　　读"人生大学名人讲堂"丛书收获经验和智慧，看世界伟人的传奇故事。名人在未获得巨大的成功之前也只是普通的一员，踏着名人成长奋斗的印迹，能让我们真切地感悟到他们成功的经验！你可以欣赏指点江山、叱咤风云的英雄伟人；探索一生、创造无限的科技精英；文采斐然、妙笔生花的文化巨擘；叩问生命、润泽心灵的思想大哲……你可以学习投资家的高瞻远瞩、博大胸怀；商业家的韬略智谋、机会驾驭；艺术家的激情创造、灵感飞扬；宗教领袖的独特理念、献身精神；科学家的坚持真理、不懈探索……你可以发现，伟大人物的成功之路虽有千条万条，但他们却拥有共同的秘诀：远大的理想和不懈的努力，敏锐的目光和果敢的行动，顽强的意志和坚定的决心……

　　成功之路，从这里起步。

第1章 当厄运来敲门

第2章 以不妥协于命运的心态活到老

第 5 章　用圣洁造就爱的音符

第 6 章　聆听孤独的独奏曲

第 1 章

当厄运来敲门

　　生命中难免有一些困苦磨难，当厄运来敲门的时候，我们应该怎么办呢？贝多分说："我要扼住命运的咽喉，它妄想使我屈服，这绝对办不到。无论何时，我应当尽一切可能在此生此世赢得幸福——决不要苦恼。生活这样美好，活它一辈子吧！"这是贝多芬对待苦难的态度，我们青少年也一样，决不能向厄运屈服。

第一节　苦才是人生之本

苦才是人生的根本，我们只有在苦难中才能激发我们的潜力，磨练我们的心智，在不断战胜苦难的过程中成就我们的人生。

贝多芬年少时的苦难经历

大家对于贝多芬的了解，最多的可能就是他作为一个世界闻名的音乐家却失去听觉的事情。然而这并不是他的唯一苦难。对于贝多芬来说，也许他的一生都是不断地经历苦难又战胜苦难的时光。

贝多芬小时候就经历了一段艰难成长的岁月，这些"天将降大任于斯人"前的苦难似乎就是为成就一段有意义的生命。下面，让我们了解一下贝多芬经历了怎样的童年和少年。

德国西部有一条莱茵河，莱茵河畔有一座历史悠久的著名城市——波恩城，这里就是伟大的音乐家贝多芬的故乡。

1770 年 12 月 16 日，贝多芬在波恩一间破旧的阁楼上出生。

贝多芬的祖父路德维希算得上是家族里最优秀的人物。他是当地一位公爵乐团的男高音歌手，后来，凭着音乐上的名望逐渐被提拔为宫廷乐团的乐长——乐团中的最高职务。正当他沉浸在荣升的喜悦中时，小贝多芬降生了，这无疑又给老人带来了无比的欢乐。

祖父津津乐道，从他的相貌到他的哭声，在家人面前夸赞着新生的婴儿。因为小孙子长得太像祖父了，所以家人赐给了他祖父的名字，即后来举世闻名的路德维希·凡·贝多芬。

因为长相和名字的缘故，从小，贝多芬就得到了祖父格外的爱护。祖父常常抱着贝多芬坐在一架古钢琴前，教他学唱儿歌、学敲琴键。兴之所至，祖父会用自己优美的歌喉唱上一曲又一曲。虽然当时的贝多芬还讲不清楚话，但是他却十分专注地模仿祖父的声音。日积月累，小贝多芬对音乐具有极强的感受力，在祖父唱过两遍之后，他就可以牢牢地记住曲调，顺利地重唱一遍。然而，遗憾的是，贝多芬3岁时，祖父不幸病逝了。

贝多芬的父亲是一个没多少音乐才华的歌手，母亲是一个宫廷厨师的女儿。

母亲在贝多芬4岁时又相继生了两个弟弟，他们分别是卡尔和约翰。家里多了两张嘴，父亲的收入不增反减。于是，家境一天不如一天。父亲的脾气也一天坏似一天，他常常借酒浇愁，后来竟嗜酒如命，喝起酒来什么事也不管，甚至连家也忘得一干二净。最后，那个嗜酒如命的父亲竟将赌注下在了儿子贝多芬身上。他要开发儿子的天赋，把他当作神童来炫耀，利用他的音乐天赋作为摇钱树。年仅4岁的贝多芬还没有尝到多少关爱和温情，就已早早地承担起了养家的责任。就这样，艰涩的童年开始了。

从4岁开始，贝多芬就整天和一架钢琴一起被关在家里，弹得手指酸疼了，就拉小提琴。这一无休止的枯燥之味的练习日复一日地继续，满身稚气的贝多芬根本承受不了。他一听到窗外小朋友的嬉闹声，键盘上的小手指就会不自觉地停下来。这时，父亲就会粗暴地冲向他，指着他大吼："手指不要停下！"甚至他会用木鞭抽打他。尽管小贝多芬十分喜爱音乐，但也经受不住父亲这般暴力的训练。练琴成了一件非常痛苦的事，差点儿让他放弃了对艺术的热爱。

繁重的日子几乎令人感到不能呼吸，但小贝多芬还是坚强地长大了。8岁时，他举行了公开的演奏会。9岁时，他的演奏水平已经把他的父亲抛到了后面。11 岁时，贝多芬进了剧院乐团。13 岁时，他就当上了大风琴手。童年的贝多芬，在父亲的安排下，已经开始给家人赚面包钱了。

1787 年，贝多芬 17 岁那年，他亲爱的母亲患了肺结核，不久就离开了人世。他成了一家之主，负担起两个弟弟的教育费用。另外，他还得要求酗酒的父亲提前退休，每月替父亲掌管那点儿养老薪水。那些可悲的事一次次让他的心灵受到创伤。

世上没有人心甘情愿地吃苦，都想要远离苦味，但是好像命运偏偏要如此磨砺人的韧性，好像苦是人生本味，至于其中的甜也要靠自己从中萃取提炼了。生活是不易的，活着更加艰辛，而正因为人不愿意吃苦，所以这些苦就能够促其奋进，使他们努力去改变恶劣的生存环境，创造美好的生活。

贝多芬逐渐耳聋

人生中的苦难不断磨练着贝多芬的意志，但是生活依旧继续，他仍然要照顾亲人并且朝自己的梦想前进，于是他坚强地前行着。后来贝多芬去了维也纳，1795 年 3 月 30 日，贝多芬第一次在维也纳举行了个人钢琴演奏会。

宽阔的圆顶大厅里，贝多芬坐在一架钢琴前，手指飞舞、神采飞扬。他高傲，他粗犷，他满怀激情，他奔放的音乐震撼着每一位听众的心弦。台下，听众们渐渐激动了起来，有的人甚至站起身来。因为他们从没听过那样桀骜不驯、铿锵有力、充满活力的钢琴曲。

贝多芬获得了成功，他的名字迅速传播开来，一下子轰动了整个维也纳。维也纳人民记下了他的名字，世界音乐史记下了他的名字。戏剧性的、民族性的、炽热的激情被他种植在了音符的土壤里，开出了一朵卓越不凡的花。从那之后，每隔两三年，他便举行一次演奏会，不断地让新的乐曲感染着大众的耳朵。同时，不仅在奥地利，他还在欧洲各地进行巡回演出，几年间他的名字在整个欧洲耳熟能详。

人出了名，是非也跟着飘了过来，贝多芬也一样。有人说他傲慢无礼、举止粗野、神情抑郁，还说一口浓重的方言。当然，这不是事实，他不善于表达善良，或者说他表达得很笨拙才是事实。

不被理解是一种苦恼，贝多芬终其一生都被这种苦恼纠缠着。

刚咽下成功的甜蜜，又一口咬上了成功的痛苦，与此同时，另一串痛苦已叩响了他的大门。

1796～1800年，也就是贝多芬26岁至30岁时，在这4年间，贝多芬的耳朵日夜作响，那正是耳聋的前兆。他的听觉越来越差，病痛像一种酷刑，不仅摧残着音乐家的耳朵，而且摧残着音乐家的心灵。

这一可怕的消息一直被埋藏在贝多芬心里，他没敢告诉任何人，甚至是他最亲爱的家人和朋友。他怕别人笑他，瞧不起他，一个听力残疾的人将很难继续做一个音乐家。所以，为了不被人察觉，他总是躲着人，避免与人见面。

可是，耳聋越来越严重了。对于周围经常碰面的人，无论贝多芬怎样隐瞒，大家还是有所发现，和他谈话得站得很近，稍微远一点儿，他就只会干巴巴地看着对方，不回答任何问题。然而过一会儿，这个音乐家就会漫不经心地发问，问别人说了些什么。起初，人们以为这是贝多芬的怪癖，后来大家才公认他听力不好的缘故。

就像大家知道的一样，虽然贝多芬在音乐的舞台上初露头角便听力

下降甚至失聪，但是在患病期间，他却创作了一系列作品，如《悲怆奏鸣曲》（1799 年）和《第三奏鸣曲》钢琴曲（1798 年）。令人意外的是，还有很多钢琴曲都反映着年轻人的一种轻松和愉快，如欢快的《七重奏》（1800 年）、清澈的《第一交响曲》（1800 年）等。

由此我们看到，名人能够获得成功，并非是命运给了他们多么优裕的条件，或者他们拥有什么特异的天赋，他们唯一凭借的就是自己坚强的毅力和永不服输的精神。从某种意义上说，苦才是人生的根本，我们只有在苦难中才能激发我们的潜力，磨练我们的心智，在不断战胜苦难的过程中成就我们的人生。

第二节　与道德共患难

在患难中支持我的是道德，使我不曾自杀的，除了艺术以外也是道德。

——贝多芬

年少时被“逼迫”的苦痛

贝多芬说：“在患难中支持我的是道德，使我不曾自杀的，除了艺术以外也是道德。”

贝多芬的父亲嗜酒如命，暴躁无常，为了把他培养成神童，整天打骂他，无休止的练习充斥着他的童年。在这些困难面前，他没有失去对生活的热情。即使后来耳聋了，他也还是坚持着自己的信仰，在挫折面前没有丝毫退缩，从而成为了一个伟大的音乐家——贝多芬。对于真正的贝多芬，我们可以从他的音乐中读到他温柔的内心，也可以从罗曼·罗兰的《贝多芬传》中感受到他的善良、羞怯和坚强。贝多芬的故事每一个人都得花时间去了解。

贝多芬出生于德国波恩，他的父亲是个宫廷唱诗班的男高音歌手，嗜酒如命、喜怒无常；母亲是宫廷厨师的女儿，心地善良、性情温柔。贝多芬一家有好几个孩子，生活非常艰辛，加上当时神童莫扎特已经享誉欧洲，糊涂的父亲就产生了要贝多芬成为"莫扎特第二"的愿望，想将儿子变成自己的摇钱树。

为了把贝多芬练成音乐神童，父亲经常打骂他，并且迫使他从4岁起就整天没完没了地练习羽管键琴和小提琴。邻居们经常听到贝多芬家里传来醉酒的父亲的打骂声和孩子的哭泣声，有时就是在半夜，也能听到贝多芬父亲可怕的吼叫声。有一年，镇上来了个没什么水平的旅行音乐家，却被贝多芬的父亲视为良师，两人常常喝得大醉之后，回家把小贝多芬拖下床，让他从半夜上课到黎明。

为了使贝多芬看上去像一个神童，父亲将他的年龄隐瞒了2岁，在他8岁时，把他带出去当作6岁的孩子开个人音乐会。尽管费了很多精力拉拢关系，但贝多芬的第一次登台没有收到像莫扎特那样轰动的效果。父亲对他很失望，变得更加暴戾。

莫扎特童年受到良好的教育，他的练功是愉快而安静的，他有着一个慈爱的父亲和一个溺爱他的姐姐；而贝多芬则不然，父亲打骂他，家庭生活窘迫，从小就要承担养家的重担。与莫扎特相比，贝多芬的童年太不幸了。

贝多芬换了一个又一个老师，直到他遇见宫廷琴师和波恩剧院的经理尼费。尼费是一位令人尊敬的音乐教师，他友善、受过良好教育，遇到他对贝多芬来说是一种幸运。因为贝多芬的父亲从来不考虑送贝多芬去学习，哪怕是两三个月，在他眼里读书远不如学音乐那样能挣钱。自从和尼费一起学习音乐之后，贝多芬有生以来第一次发现上课是愉快的。尼费不仅教音乐，还教他许多别的事情。为了付学费，当尼费先生很忙或离开市镇的时候，贝多芬就代替老师做风琴师。于是当他刚满14岁的时候，他就被任命为剧场的助理宫廷风琴师和古钢琴师了。童年的不幸使他养成了暴躁的性格，有人甚至相信，他的耳聋与父亲的打骂有关。

很多人都相信贝多芬之所以创作了绝世无双的音乐，是因为他耳聋以后可以听到上帝的声音，并将其谱写成旋律，让人们听到了福音。当了解了贝多芬对音乐的态度之后，我们也许就不会这样猜测了。

一天，贝多芬到一家饭馆用餐。点过菜后，他突然有了创作的灵感，拿起餐桌上的菜谱就作起曲来，完全沉浸在美妙的旋律之中了。侍者看到贝多芬十分投入，便不敢去打扰他。大约一个小时之后，侍者忍不住问："先生，上菜吗？"贝多芬如梦初醒，立刻掏钱结账。"可是先生，您还没吃饭呢！""不！我确信我已经吃过了。"贝多芬根本听不进侍者的解释，他付款之后，抓起写满音符的菜谱，就冲出了饭馆。

贝多芬不仅随时抓住灵感，对已经完成的稿子，也是不厌其烦地修改。曾有一份贝多芬的手稿被公之于众。只见在这张稿纸上，有一处竟贴上了12层小纸片。最后人们发现，最初的构想竟然与第十二次改写的音符完全一样。贝多芬对音乐的推敲达到了杜甫所说的"语不惊人死不休"的境界。作曲对于贝多芬而言，有时候也不是捕捉灵感就可以完成的。他写作歌剧《费德里奥》时，曾为其中的一首合唱曲先后拟定过十种开头。人们熟悉的《命运交响曲》第一乐章的主题动机也曾有十几种不同的构想？由于耳聋，他不想和别人交谈，因为他害怕别人把他当成聋子对他大声吼叫，于是他常常独自揣着笔记本，在散步时也从不忘记记录想法，这一点又极像我国唐朝的"掉书袋"的诗人李贺。

晚年时，贝多芬有一次听到自己的《C小调三十二变奏曲》，问道："这是谁的作品？"

"你的。"演奏者回答说。

"我的？我会写这么笨拙的曲子？啊，当年的贝多芬简直是个傻瓜！"

歌德曾评论席勒："他每星期都在变化，在成长。我每次看到他时，总觉得他的知识、学问和见解比上一次进步了。"这句话也同样适合贝多芬。

贝多芬曾被一位公爵邀请去为住在他的官邸的法国军官们演奏，当他知道公爵意在炫耀的本意后，就没有答应。公爵拿出贵族派头，变"邀请"为"命令"。可是贝多芬更有"派头"，他不仅坚持回绝，回家之后，还把公爵以前送给他的一尊胸像找出来摔得粉碎。事后，他给这位公爵写了一封信："您之所以成为一个公爵，不过是由于偶然的出身罢了；而我之所以成为贝多芬，则完全靠我自己。你这样的公爵现在有的是，将来也有的是，而我贝多芬永远只有一个！"

贝多芬很瞧不起附庸风雅的人。在贝多芬生活的时代，欧洲盛行收藏名人贴身物品。曾有一位伯爵夫人向贝多芬索取一束头发作为纪念，贝多芬竟用纸包了一束山羊的胡子将那贵妇打发了，而那位伯爵夫人还以为真的得到了宝贝。还有一次，几个贵族请贝多芬演奏，起初，贝多芬的兴致还不错，可是当他发现这些贵族们并没有欣赏自己的音乐时，立刻盖上钢琴，怒气冲冲地说："我没有兴趣对猪弹琴！"然后他拂袖而去。

贝多芬青年时接受进步的思想，也很崇拜拿破仑的改革魄力，他曾为拿破仑写过一首赞歌。但是当他得知拿破仑背叛了最初建立民主国家的目标，自封帝王的时候，他非常气愤，从乐谱上扯下自己的赞歌，把它揉成一团扔在地上，并且不许别人捡起来。

我国的诗人李白曾说："安能摧眉折腰事权贵，使我不得开心颜！"贝多芬身上也正闪耀着这种不肯违背自己良心的倔强品

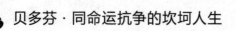

格，就像他自己说的：贝多芬只有一个！

每个人在一生中都会遇到许许多多的挫折，这是命运对你的考验。这就如同一次考试，你以平常心来对待挫折，那么挫折在你面前也会非常的软弱无力，你将会克服它；如果你陷入了挫折给你带来的痛苦中无法自拔，那么你在挫折面前便会显得非常的苍白无力。我们青少年要知道，命运既然会给你挫折和痛苦，也就会给你带来快乐和温暖，如果克服不了挫折，那么你便无法得到它，这样的话，你的生活也就陷入了一片黑色和茫然。

德是立身之本

老子曰："人之立身，所贵者在德。"道德，像飘落在初春的雨，润物无声；道德，像吹拂在仲夏的风，丝丝透凉；道德，像成熟在深秋的果，丰收在望；道德，像绽放在严冬的花，傲雪凌霜……无论是外国名人，还是我国圣贤，他们是非常推崇道德的，在传统的教育理念中，道德甚至比才能更重要。

庄子说："内省而不穷于道，临难而不失其德。"这就形象地显示了与道德共患难的真谛。以下这篇《庄子》中的小故事也能够说明这一点。

凤凰从南海起飞，要飞到北海。飞行的途中，只要不是梧桐树它不停息，不是练实它不吃，不是甘美的泉水它不喝。这时，鹓鹰逮到一只腐烂了的田鼠，恰巧凤凰从空中飞过，鹓鹰抬起头看见凤凰，怕自己的田鼠被抢走，便对它叫道："吓！"

这个故事便说明了，即使身处低谷或不利的境地，都要保持自己的情操。而且它还告诉我们，情操低下之人是无法理解情操高尚之人的境界的。"临难而不失其德"是做人应当具备的品格。

没有羞耻的人会为了富贵利禄而舍弃尊严，哗众取宠的人会为了显赫的地位而丢掉体面。获得大名大利的，大都是既没有羞耻又哗众取宠的人。所以，从名的角度来观察，从利的角度来考虑，确实是这样的。如果为名为利，违背自己的心愿，那么生命的意义和价值不会因此丧失和贬值吗？可见，患难时抛弃名利欲望而保持"不失其德"是立身行事的根本。

没有道德的人是社会的耻辱，是民族的败类。在这世间，没有人愿意同一个满嘴污秽、六亲不认的人多言。中国，为何又能崛起于世界之巅？答案是毋庸置疑的——我们有一颗中国心，有一种道德观。俗话说："一撇一捺写个人，一生一世学做人。"

第三节 用痛苦换来欢乐

贝多芬说："我要扼住命运的咽喉，它妄想使我屈服，这绝对办不到。生活这样美好，活它一辈子吧！"

苦难是人生的老师

贝多芬说："苦难是人生的老师。通过苦难，走向欢乐。"贝多芬的一生历尽坎坷，无限痛苦。这些苦痛一直磨练着他的意志，妄图打败他的坚强，但是贝多芬却用音乐和对欢乐的歌颂来回应它。

早在 1793 年，贝多芬就立下了志向：一定要歌颂欢乐。这一志向让他激动了一生，踌躇了一生，争斗了一生。在创作了《命运交响曲》和《田园交响曲》后，贝多芬仍徘徊在强烈的兴奋之中，他仍不满意，仍要将快乐的音符撒向大地，于是就有了他的《第九交响曲》，这是一部具有杰出地位的巨著。

维也纳会议后，奥地利反动统治阶级开始了对人民的血腥镇压。那是一段血腥、黑暗和艰难的岁月，贝多芬日渐衰老，却始终忠于革命的信念，没有向反动势力让步。甚至，他常常公开地抨击残暴的统治政权，讽刺地说："嚯，比我们的大人物更渺小的人是没有了，他们是宫廷的奴隶，又是人民的主人。"

黑暗统治时期，贝多芬坚信通过争斗一定会得到自由和幸福。他一直以音乐为号角，宣扬自由、平等和博爱。这种高贵的人文精神在他的《第九交响曲》中得到了深刻的表现。

《第九交响曲》是贝多芬最后一次将英雄斗争作为音乐的主题，而且，为了使尽可能多的民众能够理解这一思想内容，在最后的一篇乐章中，贝多芬要求用人声来歌唱席勒《欢乐颂》中的一部分诗句，引导民众穿越阴霾和绝望、痛苦和沉思、冲突和畏惧，走向自由和解放、团结和友爱、胜利和欢乐。

早在19岁时，贝多芬就读过了席勒的《欢乐颂》，并有用音乐来衬托这首颂歌的想法，但一直未能如愿。现在，他的《第九交响曲》正在孕育"从黑暗到光明"的一种生命历程，所以他决定将《欢乐颂》作为他音乐的思想关键，把伟大的欢乐奉献给期望中的人们。

1824年5月7日，在维也纳举行的《D大调弥撒曲》和《第九交响曲》第一次演奏会获得了前所未有的成功。贝多芬的气息、贝多芬的呼喊、贝多芬的抑郁、贝多芬如醉如狂的激情再一次深深地震撼了民众。

当《第九交响曲》的欢乐旋律第一次热情奔放时，奏乐突然中止，全场陷入一片静默，使得音乐笼罩上了一种浓烈的神秘和神圣。"欢乐"从天而降，遍布在庄严的宁静里；主题接着过渡，先是一片低音旋律，带着一种严肃而抑郁的情调，慢慢地，"欢乐"

靠近了生命，抓住了生命；接着，在欢乐的斗争中，宗教的醉意渲染了天空，人类向苍穹张开了双臂，最后是一场圣洁的宴会，人们挣脱一切，将爱和自由紧紧地搂在了怀里。

民众沸腾了，巨人终于在放肆的庸俗中获得了胜利，维也纳轻浮的风气被震慑了。演奏会上，掌声持续不息，爆发了五次。在讲究礼仪的维也纳，就算皇族出场，习惯上也只是恭送三次掌声。显然，那场演奏会失控了，台下一片狂热的骚乱，许多人哭了起来，包括贝多芬，也因过于激动而晕了过去。最后，警察不得不出面维持秩序。

尽管孤独无依，尽管贫困交加，贝多芬还是在斗争——战胜人类的平庸，战胜命运的提弄，战胜自己的痛苦。赋予音符一个不息的生命，贝多芬已达到了一生的终极目标，贝多芬已抓住欢乐。

显然，《第九交响曲》成功了，它在贝多芬的心中留下了一个光荣的印记。尽管生活是贫困的，尽管心灵时不时会跌进泥泞，尽管头顶笼罩着阴云，贝多芬依旧要歌颂欢乐，要创造欢乐。

1824年9月17日，在写给肖特兄弟的信中，贝多芬说："艺术之神一定还不愿意死神把我带走，因为我还亏欠很多。在我出发去天国前，我必须把艺术圣灵启示给我的一切、赠送给我的一切尽可能地留在世上。这么看来，我似乎才开始写了几个音符。"

1826年，施皮勒医生在见到贝多芬时，确定地说他变得容光焕发了。这一年，格里尔巴泽最后一次拜见贝多芬时，反倒是贝多芬鼓励了一番这位颓废的诗人，他说："假如我能有你千分之一的体力和意志，那该有多好啊！"当时，专制政府钳制着一些自由的思想，于是格里尔巴泽悲苦地说："我没有言论权了，专制把我杀害了。倘若一个人要言论自由、思想自由，就得去北美洲。"

渴望生命、渴望欢乐、渴望自由，一切又在召唤贝多芬。

可怜的人们都隐藏了，贝多芬却站了出来。他面对警察、政府、贵族总是自由地发表自己的见解，在公众面前也是这样。他强烈抗议几类事件：法院专制、攀炎附势、程序烦琐，完全妨害诉讼的进行；警察粗暴无礼，滥用权力；官僚政治腐败无能；颓废的贵族享有特权，独霸国家最高职位。所有这些抱怨，警察局明明知道，因为贝多芬是一个光芒四射的天才，所以也不敢对他怎么样。

晚年，贝多芬的政治思想充分反映了1814～1830年间欧洲知识分子反对专制、赞成共和、追求自由的崇高理想。没有一种权力可以钳制贝多芬的思想。当时，贝多芬是伟大的自由之声，也是德意志思想界唯一的自由之声。正如一个诗人所说："文字被束缚了，幸好音乐还是自由的。"

生命的最后几年里，虽然创作条件艰难，贝多芬却谱写出了一曲曲全新的音乐，有嘲弄的、睥睨一切的，也有灿烂的、欢乐的，特别是他去世前几个月的作品，结尾都格外的轻快。当然，这种快乐并不是我们每一天都司空见惯的那种快乐，它时而是一种嬉笑怒骂，时而是一种战胜了苦难的发自内心的微笑。总之，那个日渐衰弱的人是战胜者，他赢得上永生，他不相信死神。

尽管贝多芬最终没战胜死神，但是他的张扬奋斗的精神和昂扬向上的乐曲鼓舞了当时的众多民众，也给现在的人们留下了珍贵的精神食粮，他用欢乐战胜了痛苦。

树立正确的苦乐观

有人见苦就畏惧，这就是缺乏正确的"苦乐观"。古代志士仁人"先天下之忧而忧，后天下之乐而乐"的苦乐观是把自己的苦和乐与天下人联系起来，这就是一种崇高的精神。奥斯特洛夫斯基说过："我活着的每一天都意味着和巨大的痛苦作斗争。"但当他取得创作的辉煌成就后，他无比欣喜地总结道："再没有比战胜种种痛苦更使人感到幸福和快乐的了。""钢铁"战士刘琦、活雷锋张海迪，他们克服了残疾之苦，战胜了病魔，这种顽强的意志和坚韧不拔的毅力在常人看来是不可思议的。在痛苦中、拼搏中取得惊人成就，不就充分证明了苦花也能结出乐果吗？

俗话说："没有苦中苦，哪有甜上甜。"学习中的苦与乐就是这样的，要想掌握真知识、真本领，不吃苦中苦是不行的。对于学习来说，苦中有乐，乐中有苦，苦与乐是对立的统一，理解了这一点，我们就能够正确对待学习中的苦，不被暂时的困难打倒，从而信心百倍，持之以恒，为获得学习中的"甜上甜"而艰苦奋斗。只有这样苦中寻乐，以苦为乐，才能在知识的海洋里乘风破浪、勇往直前，才能享受到胜利者无限的幸福与欢乐。

另外，说到苦与乐的关系，在我国古代苦中求乐的人也大有人在。

相传苦斋是章溢先生闲居读书的居所。居所有 12 间房屋，房顶用茅草覆盖，在匡山的山巅。匡山位于处州府龙泉县的西南方 200 里处，剑溪便发源于这里。山的四面峭壁拔地而起，山崖都是一色的青色岩石，四面高，中间低。下面看到的只有白云，上面吹拂的多是北风。

从北方吹来的风，给人的感觉多数不是甜而是苦，所以植物受其影响，味道都是苦的，但这些带苦味的植物却都长得朝气蓬勃。于是栀子、苦楝、侧柏一类树木，黄连、亭历、苦参一类药草，地黄、游冬一类野菜，血槠、栎树果、苦竹笋，无不成丛地分布，罗列地成长。野蜜蜂在树丛中筑巢，采花粉酿蜜，蜜的味道也是苦的，山里当地方言称之为黄杜，乍一吃很苦，吃惯了却感觉更甜，能够医治积热、烦躁之病。

这里产的茶也比一般的茶苦。这里流的水都是从石缝里冲击而出的，哗哗流淌，湍急曲折，流进山谷。水中成长着很多有花纹的小鱼，样子像吹鲨鱼，味苦又带点辣味，人吃了可以醒酒。

匡山离人住的地方远一些，只有章先生高兴地前去参观。随从们考虑到他早晚往来十分劳累，所以就在山上挑了一块低洼的地方盖了几间住处。章先生带着几个年少的仆人清洁掉脱落的笋壳，种植粟子、大豆，品尝这里药草的嫩芽、树上的果实。

有时候他便踏着木底鞋登上山崖，靠着大树，吹起口哨。有时候他也走下山崖，来到清凉的溪水边。树林里传来打柴人的歌声，他就击打着石头随着唱和。别人都享受不到其中的乐趣。

章先生就此发表感想说："乐和苦，二者是相倚相扶的。人们知道乐中之乐，却不知道苦中之乐，知道纵情享乐，却不知苦尽甘来，苦与乐相去能有多远呢？"现在富贵之家的子弟，每天闲坐在华贵的厅堂之上，口不尝有苦味的东西，身不经种地的艰辛，睡觉一定盖双层被，吃饭一定吃山珍海味，出入一定要跟从仆人，这就是一般人所说的享乐。

但是，这些人却不懂得一旦福运到了尽头，意外的灾难发生，醉于醇酒饱于肥肉的肠胃是装不得粗劣饭食的，铺盖柔软被褥的身体是穿不得蓬草编织的衣物的，到那时就算想像低贱粗野的仆役农夫那样老老实实地在山野之地苟全性命，也是做不到的。这岂不是由从前的乐变成了今日的苦了吗？

因此孟子说："天将降大任于斯人也，必先苦其心智，劳其筋骨，饿其体肤，空乏其身。"赵子也说过："良药苦口利于病，忠言逆耳利于行。"我们认为的苦，正是他们认为的乐。听说甜水井往往最先干枯，苦李子却因味苦而得到保全；夫差因为沉溺于酒色而亡国，勾践却因卧薪尝胆而强大，不也是这个道理吗？

作为青少年学生，我们可以为了个人和社会的乐而去吃苦奋斗，克服今天学习中的困难，掌握本领，为实现自己的人生价值而努力奋斗。

第四节 只有弱者才会屈服

贝多芬曾说过："卓越的人的一大优点是，在不利和艰难的遭遇里百折不挠。"

要敢于百折不挠

对于一位音乐家来说，最残忍的事情莫过于听不到声音了。耳聋、失聪无疑是对一位音乐家最致命的打击。

在维也纳，贝多芬渐渐养成了在安静的街道上或者沿着多瑙河散步的习惯。有时候他也会到郊外的田野上和森林边去漫步。他这样做，其实并非是因为他的生活有多么悠闲，而是可以借着漫步的时候，在头脑里构思他的音乐创作。他的许多作品和乐段都是在漫步中完成的。

可是，1802年的一天，一个正在跟着贝多芬学习音乐的学生费迪南德·里斯在陪伴贝多芬去郊外的田野散步时，却意外地发现了一种奇怪的事情。

这天，里斯看见一个牧羊人正在田野边的树林里吹笛子。牧羊人用一根接骨木的细树枝做成的笛子吹奏出来的声音十分动听。里斯兴奋地、大声地呼喊不远处的贝多芬，请他也听听这悦耳的笛音。可是，贝多芬侧耳听了半个多小时，却什么声音也听不到。

里斯吃惊地望着贝多芬，不知道说什么才好。他不愿意相信这是真的，然而他又不能不承认眼前的现实。贝多芬的听觉出问题了！里斯不知道应该如何慰藉自己的老师，就只好撒谎说，其实他也是什么都没有听见。

但贝多芬在心里却已经明白了，残酷的命运已经在向他招手了。他最害怕的事情，终于还是出现了。

这一天，他没有对里斯说些什么。而在往常，他每次散完步，总是会表现出十分惬意，甚至兴高采烈的样子，因为这意味着，他的又一篇乐章已经构思好了。而这一次，他只是沉默地、郁闷地返回了寓所。

事实上，贝多芬的身体从童年时代起，就经常出现这样或那样的痛苦。最早是一次次的肠胃病折磨过他，后来，又经常有剧烈的头痛、病毒性的脓肿、急性肺炎、支气管炎折磨过他。他的妈妈去世那年，当他从维也纳回到波恩，在家里陪伴妈妈生命的最后的日子里，也经常有高烧并伴随着呼吸困难，使他遭过不少罪。再后来，因为妈妈的去世和爸爸的失业，支撑家庭的压力越来越沉重，他的精神上明显地出现了忧郁症的症状。

1792年他定居维也纳之后，由于他在音乐课业和创作上过于投入，而忽视了自己的健康，所以他又经常受到周期性的腹部疼痛、痉挛、腹泻和腹绞痛的折磨。1797年，一场严重的"斑疹伤寒"甚至把他击倒——这种病严重时，能使人长久地陷入神志迷乱的高烧状态。

可以说，年轻的贝多芬是在连续不断的疾病的摧残中，一步一步地挺过来的。因为他一直就是一个坚强的人，所以才从来没有被疾病打倒。而现在，不公平的命运竟然又一次袭向他，并且还是如此残酷的一招。

一开始，贝多芬并没有把事情想得有多么严重。因为他的耳病实际上发展得并不很快。他也不是突然一下子就听不见任何声音了。此时他失聪的程度还只是无法辨别高音频和区分言词。一旦经过振动，他还是能够辨别出音乐声的。但是，有时候情况也会很严重，经常给他带来苦恼和痛苦的是耳鸣和幻听——耳朵里好像总有铃声和嗡嗡声的感觉。

1801 年，贝多芬给他在波恩的一位好朋友——正在那里担任实习医生的弗兰茨·韦格勒写信，叙述了他的耳疾状况："在过去的 3 年里，我的听力越来越差……为了让你对我这种奇怪的耳聋情况有个想象，请允许我告诉你，在剧院，我不得不让自己尽量靠近乐队席位，以便听明白演员正在说什么。在远处我却无法听到高声调的乐器和人声。至于人们说的话，真是令人惊讶，有些人居然根本没有注意到我的耳聋。我过去总是容易心不在焉，所以他们把我的听力困难归结于我的心不在焉。有时候我甚至听不到一个正在轻声说话的人的声音。我能听见一些声音，这是真的，但是有时我分辨不出具体说的是什么话。可是如果任何人喊叫起来，我又忍受不了。只有上天知道我变成了什么。"

在这封信里，贝多芬也对好友诉说了他真实的心理感受："我已经开始常常诅咒我的造物主和我的存在了……如果有可能的话，我将抗争我的命运，尽管我感到，只要我活着，有时我将是上帝最不幸的造物……"

他只向过去的好朋友描述了自己的不幸，而对身边的人，对那些正在渴望和期待着他的新作品的人，他保持着高贵的沉默。他不想因为耳疾而让更多的人用同情的眼光看待他。

事实上，在以后较为漫长的日子里，他确实是用自己高贵的坚忍和沉默顽强地对抗着这场致命的打击，英勇地抗争着他的不幸的命运，他不想对病魔屈服。

每个人的生活中难免有挫折、有困难，但是这些挫折和困难并不可怕，重要的是自己怎样去看待它们。在走向成功的道路上，我们需要付出很多代价，但是不能为了小小的波折，就放弃了梦想，我们应该永不屈服！

对于我们青少年来说，一帆风顺的生活未必是好的，偶尔的挫败虽然苦，却能够使我们变得更成熟、睿智，让我们学会独立，让我们懂得生活的美好与可贵。无论什么时候都要记住，屈服是弱者的态度，我们每个人都要做生活的强者，主宰自己的命运。

坚强让生命之花绽放

海伦·凯勒从小双目失明，又聋又哑，她靠用手触摸、用嘴尝味、用鼻嗅闻来熟悉周围黑暗沉寂的世界。处处受限，但她又无计可施。你怎么去教一个听不见的人？她不会说话，你怎么知道她需要什么？她既看不见又听不见，可是她到底是如何知道你在哪儿的？海伦·凯勒在精神上不屈服于这种清冷生活。由于连诅咒和抱怨都不可能，她只好用身体的剧烈晃动对父母和周围的人发脾气，来说明她心灰意冷的境地。看来她命中注定要在与世隔绝的无声世界里绝望地度过一生。

可是，一个卓越非凡的年轻女子闯进了她的生活，此人被看作生活中的强人，她就是安妮·沙利文。

海伦·凯勒的父母雇用了她，让她来排解女儿的孤独、抚平她的怒气，因为这一切已让他们心灰意冷、垂头丧气。安妮·沙利文完全认识到自己的困难，也意识到自己的任务几乎毫无希望可言，可是她仍暗下决心去教这个孩子，让她同自己无法到达的世界进行交流。这是同显然不可能的事情进行的一场厮杀，其挫折和失望能让最坚强的人气馁、却步，可是她却默默忍受下来，而且数月一直如此。

突然有一天，当太多的绝望令人灰心丧气，而希望好像永远不会降临时，海伦发出了一声表示理解的声音，这一切都出乎人们的意料之外，她在做出第一个反应后，就像蓓蕾一样盛开了。

海伦·凯勒的潜能被心中的另一个信仰激发出来，她进展缓慢、饱受痛苦，有时停止不前，但她继续努力，终于成为享誉世界的作家、演说家和坚毅勇敢的光辉榜样。

她本可以轻易地成为被同情者，去"诅咒上帝然后死去"，可是她

却做了不同的选择，她要战胜自己的缺陷而不对它让步和屈服。

海伦·凯勒的故事带有传奇色彩，它震撼着人的心灵，故事中包含着人性中最美好的品格、对生活的渴望和生命力的顽强，使我们看到了什么是将不可能变成可能，什么是创造奇迹，什么是在平凡中孕育伟大。由此可见，会向命运屈服的只有弱者，像贝多芬、海伦·凯勒这些真正勇敢的人，会坚强地承认它，然后打败它。

第五节　服下痛苦这剂良药

痛苦像一剂良药，它治愈了懦弱、卑微和无能，贝多芬就是以身试药的经典案例。其实苦难是人生升华的一个过程，不经过苦难的煎熬，就不会经历以后的美丽人生。就好像贝多芬如果不经历那么多的痛苦和失意，就没有足够丰富的思想来成就自己的伟大人生。

痛苦是一剂良药

贝多芬最艰难困苦的时期，经历了物质生活的贫乏，朋友的散失，耳聋症的加剧，侄子的不肖，这一切使他处在痛苦的深渊。

当时的维也纳是个浮华造作的城市，那个时代凡是在德国住过的伟大作曲家，无不为这个城市的伪善气息所苦恼。恃才傲物、狂放不羁的天才音乐家贝多芬当然也不会心情舒畅。事实上，维也纳盛赞贝多芬的音乐，但对他本人却从来没有友善过。

贝多芬写了好几首优美的奏鸣曲，每首都花了他三个月的时间，但他总共才挣到三四十个杜加。有一个亲王要他写四重奏，他呕心沥血地完成作品，却分文未得。他还要面对没完没了的诉讼，或是为了得到拖欠他的津贴，或是为了保住他对侄子的监护权。贝多芬一直生活在极度贫困之中。

1818 年，贝多芬曾这样写道："我几乎沦为乞丐，却必须装作并未捉襟见肘。"他曾亲自向他最敬重的友人求助，对方却没有回音。他常常不能出门，而原因竟是鞋子有破洞。

所谓的英雄，并不是个人事业的野心家，而是从人类生活的提高出发，必要时会交付出个人的生命的人，这正是英雄和普通人的差别。因此贝多芬没有一般的感伤的气息，虽然痛苦始终纠缠着他的生命。他说："大多数人为了一点好事便回肠荡气，这可不是艺术家的天性。艺术家是火一样的，他们不会哭泣——人得凭音乐从他的精神里打出火来。"

大家听说过凤凰涅槃的故事吧？据说凤凰是人世间福音的使者，每500 年都要背负着人世间的不快和恩怨投身于熊熊烈火之中。凤凰经历烈火的煎熬和痛苦的考验获得重生，并在重生中得以升华。佛家说，涅槃能使人死而复生。同样的道理，经历磨难的我们要想涅槃，就要在磨难中不畏艰苦、义无反顾、不断追求、提升自我，最终使自己脱胎换骨，成为一个全新的自己。

邰丽华已经众所周知，她就是那位在 2005 年央视春晚上表演"千手观音"的聋哑姑娘。她勤奋敬业、勇于攀登，凭借着从不言弃的奋斗精神，见证了残疾人敢于超越常人的奋斗轨迹。类似的人物还有英国伟大的诗人弥尔顿、德国伟大的音乐家贝多芬、世界级小提琴家帕格尼尼。弥尔顿在眼睛失明后完成了自己最杰出的诗作，贝多芬在丧失听力后创作了自己最杰出的乐章，帕格尼尼用苦难的琴弦把天才演奏到了极端。他们一个是瞎子，一个是聋子，一个是哑巴，却是"世界文化史上的三大怪杰"。

为什么他们能够那么成功呢？是命运的造化吗？不！德国哲学家尼采说："极度的痛苦才是精神的最后解放者，唯有此种痛苦，才迫使我们大彻大悟。"如果我们不经过苦难，不会真正地正视现实，不会把坏事变为好事，不会把不幸变为幸运。

有一位男孩，他梦想当舞蹈演员，10 岁时由于患病让他失去了右腿，从此男孩在痛不欲生中度日。父亲不忍心看儿子这样消沉下去，就经常给他讲一些战胜苦难而成功的励志故事。男孩起初不听不闻，但随着时间的推移，男孩觉得自己不应该在苦难面前屈服，应该更加勇敢地去正视它。于是男孩重新站立了起来，他拄着拐杖一步一步地学走路，经过几年的奋斗，男孩已经可以跑起来了。在一些体育赛事中，男孩获得了很好的成绩。男孩高兴起来，虽然他因为残疾当不了舞蹈演员，但男孩在体育上取得了胜利。

男孩成功了，他的成功告诉我们，痛苦能够毁灭人，同时它也能激励人奋进。上天从来都是公平的，一个人吃苦越多，他的生命就越有意义。如果一个人能在苦难面前保持一颗平常心，坦然地面对它，然后将它吃掉、消化掉，那么他的人生也会提升一个境界。

痛苦能够练就坚强的人格

有一个女孩很不幸，14 岁时因为车祸被截去了左腿，从此女孩十分痛苦。看着日益消瘦的女儿，爸爸妈妈很难过，不知道该怎么办，后来爸爸请来了一位禅师来开导女儿。

看到病恹恹的女孩，禅师问她痛苦吗，女孩慵懒地看了禅师一眼，没有说话。禅师又问她想过什么样的生活，女孩沉默了半天，终于开口了。她在痛苦中寂寞、挣扎了一段时间，对人生的价值有了新的思考，她想像张海迪一样成为时代的榜样，可是……女孩说着又沉默了下来，她认为她没有张海迪的能力。

在看到女孩的表现后，禅师告诉她，虽然不一定能成为张海迪，但她可以成为她自己。不过要想成就自己，就必须先把目前的痛苦克服掉。如果整日活在痛苦的深渊里，就会永远走不出阴霾，永远看不到希望的曙光，更不要说像张海迪一样成为别人效仿的榜样了。

女孩略有所悟，在禅师的启迪下，从此不再虚度此生，她开始学习，开始写书，开始拉小提琴……

渐渐地，女孩开朗了起来，她和其他人说说笑笑，不再忧郁，不再沉浸在痛苦的深渊中。后来女孩出了书，而且她还多次在音乐会上显示了卓越才能，获得了很高的声誉。

要是女孩当初走不出痛苦的漩涡，时刻在孤独中度过的话，她这一生将很难有起色。她只会平庸度日，不会出书，也不会在音乐会上赢得鲜花、掌声和喝彩。那么当一个人处在命运的低潮时，当一个人被命运的不公捉弄时，是否可以把痛苦吃掉，做一个全新的自我呢？

苏武在被匈奴扣留时持节不屈，终于得以返回西汉，死后被汉宣帝列为麒麟阁十一功臣之一；贝多芬扼住了命运的咽喉，写出了《命运交响曲》等伟大的乐曲著作；海伦·凯勒虽然失明却并没有迷失自己，写出了《假如给我三天光明》等富有启迪意义的著作；盲人阿炳在流浪中刻苦钻研，精益求精，在他的二胡下才会有《二泉映月》《昭君出塞》等著名作品问世……

面对痛苦时，最好的举措就是把痛苦吃掉，而要想把痛苦吃掉，就要能耐得住痛苦的煎熬，在痛苦中寻找改进，在痛苦中找到改变人生的转折点。

第六节　受苦的人能够摧毁痛苦

在人生的道路上，有几人会是一帆风顺？换一种眼光看待生活的坎坷与苦难，也许你会发现，吃苦也是人生道路上的一种幸福。吃苦能让人在逆境中培养自己坚忍不拔的意志，在有限的环境中养成博大的胸怀。

苦难像是一种命定的缘分

德国西部古城波恩，位于莱茵河中游两岸，公元 1 世纪时为古罗马要塞，距今有 2000 多年的历史。它是伟大音乐家贝多芬的故乡。那是一片美丽富饶、广袤而又神奇的土地。阿尔卑斯山山脉巍峨挺拔，莱茵河河水奔腾不息，穿过群山，鸣奏着英雄奋发的交响曲。那里商贾云集，兴旺发达，还有著名的大学，并且，凭借着古老的名城和地理优势，它成了德国有名的文化中心。古往今来，这些山脉与水泊熠熠闪烁出文明之光，把德国优秀的音乐文化辐射到世界各地。

1770 年 12 月 16 日，在一所破旧屋子的阁楼上，音乐家贝多芬出生在一个佛兰芒族的家庭里。那是个动乱和变革纷繁的年代，多雾的莱茵河地区灰灰蒙蒙，似乎预示着新生儿的前途将如日东升，而又黑云密布。我们必须记住他祖父的出身，才能懂得贝多芬奔放独立的天性。贝多芬的祖父名叫路德维希，是家族里最优秀的人物。那时，波恩城当地有个君主乐团，贝多芬的祖父是其中的男高音歌手。随着年龄的增长，他凭借在音乐上的修养和名望，荣升为宫廷乐团中的乐长。这是乐团中的最高职务。正当荣升时，小贝多芬诞生了，这对整个家族来说，无疑是喜上加喜。当了乐长的祖父，津津乐道新生的婴儿。由于小家伙在相貌上甚至是哭声上，都与祖父极为相似，全家人就给他取了个和祖父相同的名字。这就是后来举世闻名的音乐巨人路德维希·凡·贝多芬。

贝多芬外貌酷似祖父，因而倍受祖父的宠爱。祖父常常抱着他，坐在古钢琴前，教他学唱儿童歌曲或弹上几曲。兴奋之余，祖父还展开优美动听的歌喉，唱上一曲又一曲。小贝多芬虽连话还说不清，他却认真模仿祖父演唱的样子。日积月累，小贝多芬对音乐的领悟力大大提高，甚至在祖父唱过两遍后，就可照样把歌曲唱下来。每当这时，祖父总是惊喜万分：要是小外孙真能成为一个优秀的音乐家，也能当上宫廷乐长，那该多么令人兴奋呀！阳光、清风、宠爱、慈祥等少年时的温馨，对贝多芬的整个人生来讲，实在太过短暂，转瞬而逝了。

贝多芬才3岁时，世上最爱他的祖父却病逝了，他还体会不到失去祖父的悲哀。但祖父极富音乐素养的教诲、委婉歌声的启蒙，却为贝多芬在音乐上的发展烙下了深深的印记，并对他的成长起了巨大作用。每当想起慈祥的祖父，他心中就会激起无限怀念，终生不忘。

祖父去世后，家境越来越糟，收入减少，只靠父亲一人挣钱养家。父亲是个不聪明的男高音歌手。母亲是位女仆，一个厨子的女儿，初嫁男仆，丈夫死后再嫁给贝多芬的父亲。她辛劳操持家务，温柔善良。贝多芬4岁时，母亲又相继为他生了两个弟弟：卡尔和约翰。人口增多，收入不够开支，父亲的脾气也随之越来越坏，时常借酒浇愁，渐渐嗜酒如命，有时喝起酒来啥都不管，甚至连家也不要了。家境渐衰，父亲想利用贝多芬的音乐天资来挣钱，四处把他当神童一般炫耀。可他才4岁呀，本应是享受岁月的爱抚，却要过早承受养家的重担，这不是少年天才的悲惨吗？

父亲对他的学习要求非常严格，从4岁开始，他就整天要么坐在古钢琴前，要么用一把提琴，做着无休止的枯燥练习，连大人都难以承受。每当听到小朋友的嬉闹声，他多想去和他们一同玩耍。这时，只要键盘上的小手情不自禁一停下来，父亲就会粗暴地大叫："继续练！"弄不好他还会遭到竹鞭抽打。儿童爱玩的天性遭到残酷的扼杀。尽管十分喜爱音乐，也难以承受父亲严厉而苛刻的训斥，小贝多芬常偷偷哭泣。练琴成了件残忍的事，已失去了音乐本身的愉悦。但奇迹还是发生了，他并没有因苛刻的练习而放弃，他身上的音乐天赋反而在日复一日的磨练中被发掘出来。贝多芬没有因此而厌恶这门艺术，总算是人类的万幸。

他的水平日渐提高，8岁时，已举行了公开演奏会，9岁时，钢琴演奏水平已远远超过父亲。而父亲则在暗自计划，用儿子的才华好好赚上一笔。当人们看到贝多芬弹一手好琴时，都不相信他的父亲是个酗酒者。吃惊之余，都非常感慨他的奇异才情。贝多芬很懂生活的艰辛，倍加发奋，进步飞速。父亲已不能胜任对他的辅导了，只好交付给好友浦费佛负责贝多芬的教学。

浦费佛与贝多芬父亲同在一个合唱团，情趣相投，都嗜酒如命。浦费佛音乐素质较高，弹得一手好琴，但言谈举止较为粗鲁，常在深夜大醉后，把小贝多芬从睡梦中叫醒给他上课。对这种近乎疯狂的教学方式，小贝多芬最初极不适应，恳求和哭泣毫无作用。但很快，贝多芬就有了过人的自制力，哪怕在深夜、在睡梦中被叫醒，只要他一坐在钢琴前，他就能集中精力，专心弹奏钢琴，直到东方发白。

贝多芬被父亲近乎残酷地督促着，这对于小小年纪的贝多芬来说应该是一种痛苦，他用自己稚嫩的心灵承受着这一切。也许正是因为对于钢琴的热爱，他才甘愿承受，并且摧毁了过程中的痛苦。

承受痛苦，并且摧毁它

机遇的大门总向勤奋的人敞开。9岁时，贝多芬有幸向波恩城的宫廷乐长尼费学习演奏。在尼费先生的亲自指导下，他广泛地了解和研究了世界各国的音乐和作曲理论。尼费先生常常赞美他，为有这样出色的学生感到非常自豪。

贝多芬12岁时，有一天尼费先生把他叫到家里，告诉他："我将陪同侯爵到另一城市作短期旅行。我不在家时，宫廷教堂里做弥撒弹奏管风琴的任务就交给你了。"

"替老师在教堂里弹风琴，我能行吗？"年幼的贝多芬吓了一跳，便对老师说。

"全波恩城谁也比不上你。"老师用深情的目光鼓励着他。

"我尽最大的努力去做，请老师安心去旅行吧！"面对老师的热情鼓励，贝多芬果断地回答。

在尼费先生外出期间，12岁的贝多芬还真出色地完成了教堂中弹琴的任务。他的名字也在波恩城被人们传赞。

贝多芬13岁，就被任命为宫廷的风琴手了。弥撒是从每天清晨6点开始，因此，贝多芬必须在这之前到达教堂。秋冬两季，他还得在黎明前就起床上路。每当他坐在风琴旁，小手指在键盘上弹奏时，他的心灵也庄严肃穆起来，并衷心祈祷：让全家人都沐浴在幸福之中！

一个年仅13岁的孩子，能得到宫廷的赏识和重用，这无疑使疲惫的母亲感到兴奋，虽然所领工资很少，但毕竟对一个贫困的家庭多多少少也有所帮助。他安抚母亲，劝慰父亲，可事与愿违：父亲见儿子成材，非常得意，依然嗜酒如命。再加上小弟弟的去世，家中仍旧贫困，母亲仍旧忧愁，生活仍旧黯淡。

16岁时，他最小的妹妹夭折了。这给本来就终日愁眉不展的母亲又带来了更大的悲伤，加上长期劳累，她积劳成疾，终于患上了严重的肺病，很快便卧床不起，面容憔悴。尽管贝多芬竭尽全力照料，四处求医，仍然回天乏术。就在贝多芬17岁那年的夏天，他母亲匆匆离开了人世，使他悲恸欲绝。他只好坐在钢琴前，用自己那悲痛忧伤、苦苦怀念的乐曲向母亲的遗体告别。而父亲依然酗酒，不能主持门户，别人把父亲的养老金都交给他收领，他也不得不要求父亲退休。从此，他要照料全家，做了一家之主，肩负起两个弟弟的教育责任。

好在失去母亲的痛苦，在布鲁宁的家中得到安慰和补偿。布鲁宁夫人慈祥、善于体贴人，非常同情贝多芬的处境。丈夫去世后，她带着四个孩子生活，请贝多芬教他们学音乐、弹钢琴，和他们一道研究和欣赏诗歌。贝多芬也在和他们的相处中，深深地体验到了快乐与幸福。拘谨沉默的贝多芬开始善于交往，畅所欲言了。当布鲁宁夫人的小女儿出嫁后，小女婿韦格勒医生也成了贝多芬的知己，直到晚年，他们一直保持着真诚的友谊。他们之间的友情给贝多芬带来了极大的欣慰与快乐。他的老师G·G·内夫也是他最好的朋友和指导：他高尚的道德和宽广的艺术胸襟都给贝多芬留下了极其重要的影响。

尽管贝多芬17岁时不得不离开了波恩，但他却从没忘记莱茵河畔的家乡。他把奔腾不息的莱茵河称作"父性的大河"。那被赋予了生命的莱茵河奔流不息，把波恩城滋养得更美丽、更雄伟、更动人了。他的心里，始终有个关于故乡的梦境：野草慵懒地拂着水面；柔雾笼罩着白杨；丛密的矮树、细柳和果树，把根须浸在静寂而湍急的水流里；村落、教堂、墓园以及蓝色山峰在天空画出静穆的侧影；山峰上面矗立着废弃的古堡，显示出瘦削而古怪的轮廓。他对这个乡土永久地忠诚，老想再见故土一面而总是不能如愿，他爱恋故土直到生命的终结。

"吃得苦中苦，方为人上人"，贝多芬做到了这一点。其实，能吃苦是诸多成功者的人生信条，特别是那些白手起家闯出幸福人生的人。没有经过寒流的考验，我们的血液里，我们的骨髓中，就不会孕育出体会幸福的细胞。苦难也是人生的一种资历，是幸福的资本，只有受过苦的人，才懂得如何战胜痛苦，摧毁痛苦。

　　对我们来说，痛苦非人所欲，痛苦也非人所想，但人生不如意之事十有八九，如果陷入其中不能自拔，终有一天会被痛苦所吞噬。

　　逃避痛苦的人永远不会快乐，当我们试图要逃离痛苦的时候，其实也是痛苦离我们最近的时候，想要得到幸福快乐，就要先学会承受痛苦。在我们的生活中，幸福和痛苦同样能让人觉得猝不及防，因为幸福和痛苦本来就仅有一墙之隔。更多时候，我们总是善于忘记幸福，而记住幸福背后的痛苦，这也是我们的人生中痛苦要多于幸福的原因。换一个角度来说，只要我们接受痛苦，那么痛苦背后的快乐就能唾手可得。

　　幸福和痛苦一样都是人类情感的极端，却又紧密相连。幸福到极点，痛苦到极点，都不是人们生活的常态，否极泰来，保持一份平淡坦然，也许幸福就在其中，痛苦也就不在。要摆脱痛苦，就要先承担痛苦；要得到幸福，就要先了解痛苦。人生难免遇到逆境，我们每个人都应该学会接受生活中属于自己的那一份痛苦。不管在什么情况下，都不能意志消沉，不要忘记自己应该承担的事情。只有勇敢地面对属于自己的痛苦，才能突破困境，走向幸福。

第 2 章

以不妥协于命运的心态活到老

人在生命的历史长河中难免不遇到什么困难，实际上，困难一直是与人为伴的，也许这是命运的一种安排。它的用意或者是磨练你，或者是打倒你。在不幸的命运面前，我们是应该妥协认命？还是应该不屈抗争呢？要做一个生活的强者，我们无疑会选择后者。

第一节　命运击不垮毅力

在以后的生活中，我们也应该培养自己的精神力量，尤其是坚强的毅力，我们要做一个生活的强者。

同命运顽强抗争

命运对于贝多芬是近乎残酷的。正当贝多芬精力充沛、处于创作高峰期时，不幸的事情发生了。由于耳疾，贝多芬发现自己在逐渐地丧失听力，那时他才 26 岁。耳聋使贝多芬陷入了极大的痛苦，他感到绝望，甚至想过自杀，但他最终还是凭着坚强的意志勇敢地向命运展开了挑战。他在给朋友的信中写道："我要扼住命运的咽喉，它休想使我屈服。"1805 年，贝多芬完成了《第五交响曲（命运）》，它既是一部英雄史诗，也是他自己同命运抗争的生动写照。1823 年，贝多芬完成了他的最后一部交响曲《第九交响曲》，首演便获得巨大成功，演出结束后，欢呼声、鼓掌声一次又一次涌向贝多芬，而他这时却什么也听不到了。但是我们知道，贝多芬从来没有因为这些苦难和挫折放弃努力。

生命不息，奋斗不止

张海迪 5 岁时患了脊髓病，胸部以下全部瘫痪。从那时起，张海迪开始了她不一样的人生。

在残酷的命运挑战面前，张海迪没有沮丧和沉沦，她以顽强的毅力和恒心与疾病作斗争，经受了严峻的考验，对人生充满了信心。她虽然没有机会走进校门，却发愤学习，学完了小学、中学的全部课程，自学了大学英语、日语、德语和世界语，并攻读了大学和硕士研究生的课程。1983年，张海迪开始从事文学创作，先后翻译了《海边诊所》等数十万字的英语小说，编著了《向天空敞开的窗口》《生命的追问》《轮椅上的梦》等书籍。其中《轮椅上的梦》在日本和韩国出版，而《生命的追问》出版不到半年，已重印3次，获得了全国"五个一工程"图书奖。在《生命的追问》之前，这个奖项还从没颁发给散文作品。最近，一部长达30万字的长篇小说《绝顶》即将问世。从1983年开始，张海迪创作和翻译的作品超过100万字。

为了对社会作出更大的贡献，她先后自学了十几种医学专著，同时向有经验的医生请教，学会了针灸等医术，为群众无偿治疗达10000多人次。

1983年，《中国青年报》发表《是颗流星，就要把光留给人间》，张海迪名噪中华，获得两个美誉，一个是"八十年代新雷锋"，一个是"当代保尔"。

张海迪怀着"活着就要做个对社会有益的人"的信念，以保尔为榜样，勇于把自己的光和热献给人民。她以自己的言行回答了亿万青年非常关心的人生观、价值观问题。邓小平亲笔题词："学习张海迪，做有理想、有道德、有文化、守纪律的共产主义新人！"随后，张海迪成为道德力量的榜样。

张海迪以强大的毅力和精神力量战胜了多艰的命运，她是生活的强者，也是众人的楷模。

对于当今社会的青少年来说，也许我们的经历比她好千百倍，但是我们承受挫折、战胜命运的勇气可能远远不如她。在以后的生活中，我们也应该培养自己的精神力量，尤其是坚强的毅力，我们要做一个生活的强者。

第二节 命运的安排就是越挫越勇

生命的沸腾掀起了音乐的终曲，贝多芬不肯相信他面临的是无可救药的灾难。他渴望痊愈，渴望幸福，他对未来充满希望。

真正的勇敢经得起挫折的考验

苦难中长大的贝多芬是幸运的。法国大革命爆发之时，贝多芬曾遇见莫扎特，并相互交流。1975 年，他拜海顿为师。后来，贝多芬开始崭露头角。但就在贝多芬初尝成功的甜蜜的时候，痛苦又一次叩门。慢慢地，贝多芬耳朵的听觉越来越衰退，他的内脏也受着剧烈的痛楚的折磨。但他还是瞒着所有人，直到他再也不能隐瞒了，才写信给韦格勒医生和阿曼达牧师这两位好友。贝多芬的耳聋的程度是逐渐增加的，但没有完全聋，可以说，几乎贝多芬所有的作品都是他在耳聋后写的。

人们在贝多芬那青春洋溢的脸上看到了未来的天才的神采，从他的目光中，人们又可以窥探到他未来的悲剧的命运。之后的岁月里，性格过于自由暴躁的贝多芬也不止一次地遭到了爱情的否决。在遭受这些肉体痛苦之时，贝多芬又必须承受着另一种痛苦。不但如此，他的身体也"背叛"了他，先后得了肺病、关节炎、黄热病、结膜炎等，身子一天不如一天，但他从未放弃过音乐。要知道面对这么大的困难，贝多芬却毫不动摇，该用多大的毅力呀！

贝多芬的种种事迹都对我们的心灵造成了极大的触动。生命的沸腾掀起了音乐的终曲，贝多芬不肯相信他面临的是无可救药的灾难，他渴望痊愈，渴望幸福，他对未来充满希望。那么想想我们过着这么丰衣足食的生活，为何心里不装满阳光，非要悲观行事呢？也许现在你的成绩是很差，但那不代表今后的岁月中你依然是"蠢材"，要相信自己的实力。贝多芬与命运抗争最终成为名人，那么我们也该努力学习，做个品学兼优的好学生。

越挫越勇才是生活的强者

一撇一捺是一个"人"字。人，天生不是勇敢的，只有经历过挫折，才会有足够的经验，才能让那一"捺"撑起那一"撇"。

原来的王红在班里默默无闻，不光是父母替她着急，就连王红自己也很着急。

终于，学校里要选出20名同学赴新加坡的一所学校交流。王红"三思"后，忐忑不安地去报名了。可就在比赛的前一天晚上，王红百无聊赖地躺在床上，王红的心像是打翻了的五味瓶，颇有一番"风味"。王红囫囵吞枣地看着一本说勇敢的小说，现在的王红似乎与书中的主人公情投意合，书里的她仿佛就是王红的前身。王红好像一个在黑屋里的小女孩，摸不清方向，找不到安全感，心中还甚至有些后悔，后悔为什么当初那么莽撞。

王红的脑海里仿佛出现了两个小天使，她们一直不甘示弱地争辩着。王红的心上像长满了杂草。到底是放弃还是勇敢地面对？整个晚上，太过于单纯的王红优柔寡断，一直纠结于这个令人迷茫的问题。不过，最后王红还是找到了答案：白天使打败了黑天使——王红要勇敢地面对。

比赛的那个傍晚很快就到来了。王红梳洗整齐，背上心爱的吉他就去了。

时间就像一条绸子，瞬间就从王红的肩上溜走了。轮到王红了，王红的步子开始变得沉重，脸上的笑容也开始变得僵硬了。

王红调好音效，摆好架谱，拿好琴，对准话筒，马上就要开始唱了，但是心里还是犹犹豫豫的。她开始唱了，前几句虽说有些冰冷，但后面就热乎了，终于有点热情了，但她还是会紧张，还是会出错。慢慢地，王红终于放开了，终于开始尽情地歌唱了，终于敞开心扉大声地唱了。她已经忘记了自己，忘记了所有的伤心与烦恼，忘记了一切一切，只记得这个歌声嘹亮的舞台。

经过考验，才能见到灿烂明媚的阳光。虽然王红曾经面对突如其来的挫折犹豫过，但是只要在犹豫的过程中选择面对挫折，而不是害怕挫折，这样就能变得更加坚强，更加勇敢。只有在困难面前找到属于自己的勇气，才能在下一个困难面前选择面对。在现实生活中，我们也应该像王红一样越挫越勇。

第三节　做敢于抗争命运的天才

与命运抗争是人类本质力量的体现。命运不公也许是一种悲剧，但强者使不公的命运变得壮美。

不受命运的束缚

1792 年 11 月，22 岁的贝多芬离开故乡波恩，再次来到维也纳求学，从此再也没有回过故乡。贝多芬到维也纳时，莫扎特已经去世一年，他遂从师于海顿，同时又向著名歌剧作曲家申克和萨利埃里等人学习音乐理论及作曲。由于勤奋好学，他在音乐方面的造诣达到了一个新的境界。

他的作品中逐渐形成一种狂风暴雨般的、富于戏剧性的特点，革命的、英雄的特质也已形成。而《第三交响曲》，即《英雄交响曲》无论在内容还是形式上，都远远超过了维也纳古典交响曲的意义和风格，是标志他创作上完全成熟的一部里程碑式的作品。这部交响曲是贝多芬献给法国资产阶级大革命的一曲颂歌，他用热情的曲调赞颂了人民群众与封建势力进行斗争的坚定意志，表达了对在大革命中牺牲的英烈们的深切怀念。

作品最初是准备献给拿破仑的，他还在乐谱的封题上写"献给波拿巴·拿破仑"。但不久传来拿破仑称帝的消息，贝多芬听到后怒不可遏，痛斥拿破仑"也不过是个凡夫俗子"，并把原题词涂掉，重新写上"为纪念一位伟大的人物而写的英雄交响曲"。这部交响曲的原件现保存在维也纳音乐家之友大厅的资料库中，笔者在维也纳工作期间曾有幸目睹，看到贝多芬将手稿扉页用力擦破的痕迹，深深地被他那爱憎分明、疾恶如仇的情感所折服。

《第三交响曲》奠定了贝多芬创作的基本思维逻辑——"通过斗争，得到胜利"以及新风格——英雄性、群众性。在乐曲的形式上，他加大了乐思的扩展性和戏剧性，加强了主题发展的集中性和逻辑性以及乐章间的内在联系和前后一贯的发展。

冲破命运的牢笼

曼德拉是南非第一位黑人总统，他同南非种族隔离制度进行了几十年不屈不挠的斗争，赢得了全世界人民的支持和喝彩。因此，有人说，曼德拉已经成为一个时代的象征。曼德拉的反抗精神、对正义和理想的追求在童年时期就已初露端倪。

曼德拉出生在一个小村庄，9岁那年父亲就去世了。从小曼德拉就经常目睹当地大酋长在解决部落争端过程中被白人政府的

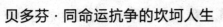
法律所约束，他逐渐萌发了寻求正义和平等的理想。年纪更大一些后，他多次领导同学抗议学校的白人法规，甚至因领导学生运动而被除名。在一次次的"斗争"中，曼德拉逐渐立下志愿：要为南非的每一个黑人寻求真正的公正。

曼德拉用他的行动打破了"命运不可改变"的谬论。与命运抗争是人类本质力量的体现。命运不公也许是一种悲剧，但强者使不公的命运具有了壮美的色彩，无论是曼德拉，还是霍金、保尔，他们都用感恩的心，本着对生命负责的态度，创造了一个个奇迹。其实在人类历史上还有很多感人的榜样，我们在学习其可贵精神的同时，是否觉得我们在拥有了一切优越条件之后，似乎反而失去了什么可贵的东西？也许抗争命运的垂青比抗争命运的不公更有现实意义。

第四节　直面困难而不是听天由命

既然困难不可避免，那我们就不该逃避，不该抱怨，就应该以坦然、积极乐观的态度对待困难。

面对困难，而不是恐惧、逃避

有一句名言："时间顺流而下，生活逆水而行。"人在生命的历史长河中难免不遇到什么困难，实际上，困难一直是与人为伴的，直到今天，还有人为温饱问题而挣扎，气候灾害、地质灾害和其他灾难也不时发生，无论多么幸运的人，也避免不了和困难打交道，最起码每个人都要面对生老病死这一规律。另一方面，人们都渴望成功，而成功的人士都有不平凡的经历，他们的成功都是从克服一个又一个困难中走过来的，古今中外，几乎没有例外的。所以一个人无论想过平静、简单的生活，还是想有所作为干一番事业，都应该树立正确的面对困难的态度。

既然困难不可避免，那我们就不该逃避，不该抱怨，就应该以坦然、积极乐观的态度对待困难。面对困难还应该发扬不怕吃苦、不畏艰险的精神，面对长期的困难，耐心和坚持不懈的精神就显得特别重要。

困难并不可怕，可怕的是不能以正确的态度面对困难，使人倒下的往往不是困难本身，而是消极悲观的态度，是缺乏战胜困难的勇气和信心，是没有坚强的意志。人的信念、人的精神起着很大的作用。人们常听说这样的例子，一个没患癌的人，由于医生的错误诊断，以为自己得了癌症，人马上就不行了，而真正患癌的人，以为自己没有患癌，反而表现得很正常。在困难中，人们通常怀着必胜的信心，而有时以顺其自然的态度面对困难，应该是更好的态度，因为有些事情的结果是难以预料的，也是难以左右的，期待着什么结果也许会使人失望，能做到尽力而为就是了。

敢于同生活抗争

事物都具有两面性。困难使人痛苦，人们不愿遇到困难，但是通过困难的磨练，人的确能变得成熟，从这个角度讲，困难又不是坏事。"没有吃过苦就不知道什么是甜"，拜伦的一句名言"逆境是到达真理的一条通路"说的就是这方面的意思。"患难见真情""贫穷出孝子"，这两句话也重点强调了在困难中人的良好品质会凸显出来。

曾经有人认为那些对社会有较大贡献的人往往生活都比较简单，这是一种悲哀（比如一些杰出的科学家等）。其实他们的伟大不是因为他们简单，正是由于这些人不为金钱所动的高素质，他们才能在较为艰苦的条件下安心工作，为社会作出较大贡献。有一位老教授鼓励当下的学者们要耐得住贫穷，要耐得住寂寞，要在科研、学术的道路上坚持下去。

既然困难和逆境可以使人走向成熟，那么我们就不该白白地吃苦，

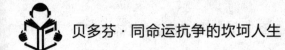

认真对待，勤于思考，一定会有所收获。

生活中有很多强者为我们做出了榜样。

南京大学有一位湖南籍博士生，他13岁那年在一次事故中失去了双手，在生活都无法自理的情况下，他向父母提出要读书的要求。经过几个月的努力，他学会了用肘关节夹着笔写字，在读初中、高中时成绩优异，高中毕业考上大学，大学毕业后当教师时，他又学会了写粉笔字，工作之余继续拼搏，又考上了硕士和博士。

在读博士期间他又患上了肝癌，已为晚期，医生断言，他至多还能活三四个月，面对这一场更大的灾难，他以顽强的毅力同厄运抗争。坚持到一年半的时候，经检查肿瘤奇迹般地缩小了。值得欣慰的是，他如期完成了博士论文，并顺利通过了答辩。

一个失去双手的人成了生活的强者，他不仅战胜了自身面对的困难，还能从社会对他不接纳的一次次挫折中走过来，在人生的舞台上，他不断攀登上了一个又一个新的台阶，特别是面对罹患癌症这一绝症的处境时，他敢于抗争，创造了生命的奇迹，他所走过的路为我们战胜困难树立了很好的榜样。

第五节　坚持才能发现命运中的奇迹

凡是成大事的人都是善于坚持的人，只有坚持，才能挖掘到生命的宝藏，创造命运的奇迹。

找一个坚持的理由

在非洲一片茂密的丛林中，四个皮包骨头的男子走着，他们扛着一只沉重的箱子，在密林里跟跟跄跄地往前走。他们跟随队长进入丛林探险，可是，队长却在任务即将完成时患急病而不幸长眠于林中了。临终前队长把他亲自制作的箱子托付给他们，并十分诚恳地说："如果你们能把这个箱子送到我的朋友手里，你们将得到比金子还贵重的东西。"

埋葬了队长以后，他们便扛着箱子上路了。道路越来越难走，他们的力气也越来越小了，但他们仍然鼓着劲往前走着。

终于有一天，绿色的屏障突然拉开，他们历经千辛万苦之后终于走出了丛林，找到了队长的朋友。可是那个朋友却说："我一无所知啊！"于是，他们打开箱子一看，发现里面竟是一堆无用的木头。

就这么个故事，看起来，队长给他们的只是一箱无用的木头。其实，他却给了他们行动的目的，使他们获得了"比金子还贵重的东西"——生命。

人不同于其他动物之处，就在于人具有高级思维能力。所以人不能像其他动物一样浑浑噩噩地活着，人的行动必须有明确的目的。只有坚持我们的目标，我们才能使生命更有价值。

成功来源于坚持

任何人的成功都不是偶然的，它来源于坚持不懈的努力。贝多芬因为对音乐的坚持而成了世界著名的作曲家。法拉第用了数十年时间才制造了发电机。居里夫人每次把20多公斤的废矿渣放入冶炼锅里加热熔化，连续几个小时不间断地用一根粗大的铁棍搅动沸腾的渣液，而后才能从中提取仅含百万分之一的微量物质。从 1898 年到 1902 年，经过无数次的提取，处理了几十吨矿石残渣，她终于得到了 0.1 克的镭盐，并测定出了它的原子量是 225。

欧洲文艺复兴时期的著名画家达·芬奇，从小爱好绘画。父亲送他到当时意大利的名城佛罗伦萨，让他拜名画家佛罗基奥为师。老师要他从画蛋入手。他画了一个又一个，足足画了十多天。老师见他有些不耐烦了，便对他说："不要以为画蛋容易，要知道，1000 个蛋中从来没有两个是完全相同的；即使是同一个蛋，只要变换一下角度去看，形状也就不同了，蛋的椭圆形轮廓就会有差异。所以，要在画纸上把它完美地表现出来，非得下番苦功不可。"从此，达·芬奇用心学习素描，经过长时期勤奋艰苦的艺术实践，他终于创作出许多不朽的名画。

20 世纪最著名的物理学家爱因斯坦，童年时并不显得聪明，3 岁时才学会说话，父母因而认为他是一个傻子。上学后，有位老师对他父亲说："你的孩子将是一事无成。"甚至这位老师勒令他退学。16 岁时，他报考苏黎世大学，又因成绩差而名落孙山。但他并不灰心。通过勤奋学习，他成了杰出的物理学奠基人。曾有青年问他是怎样成功的，他写下了这样一个公式：$A=X+Y+Z$（A 代表成功，X 代表勤奋学习、工作，Y 代表好的学习方法，Z 代表少说废话）。

西汉司马迁少年时就涉猎群书，立志继承父业。正当他撰写的《史记》进展顺利的时候，受"李陵事件"的牵连，他遭受宫刑。面对这奇耻大辱，他不是叹息、沉沦，而是锐意进取，"幽而发愤"，他含冤蒙垢数十年，终于写出了"通古今之变，成一家之言"的《史记》，流芳后世。

唐朝著名学者陆羽，从小是个孤儿，被智积禅师抚养长大。陆羽虽身在庙中，却不愿终日诵经念佛，而是喜欢吟读诗书。陆羽执意下山求学，遭到了禅师的反对。禅师为了给陆羽出难题，同时也是为了更好地教育他，便叫他学习冲茶。在钻研茶艺的过程中，陆羽碰到了一位好心的老婆婆，不仅学会了复杂的冲茶的技巧，更学会了不少读书和做人的道理。当陆羽最终将一杯热气腾腾的苦丁茶端到禅师面前时，禅师终于答应了他下山读书的要求。后来，陆羽撰写了广为流传的《茶经》，把祖国的茶艺文化发扬光大。

可见，凡是成大事的人都是善于坚持的人，只有坚持，才能挖掘到生命的宝藏，创造命运的奇迹。

第六节　扼住命运的咽喉

关于命运，贝多芬说："我要扼住命运的咽喉，它妄想使我屈服，这绝对办不到。生活这样美好，活它一辈子吧！"

绝不向命运屈服

贝多芬童年的不幸造就了他青年时期一副壮实的骨骼。尽管他身材不高，却磨砺出了倔强的性格和坚强的品格。他有张褐色而悲壮的脸，额头宽广，棱角分明，乌黑的头发浓密厚实。那双灰蓝的眼睛剔出智慧，剔出刚毅，燃烧着奇异的力量，使见到的人都为之震慑。他的鼻子宽而方，仿佛是头狮子。略显灵秀的嘴巴，下唇比上唇稍显突出，下巴左边还有个深陷的小酒窝。言谈间，他总露出可爱的微笑和高兴的神情。实际上，他通常表情严肃，不苟言笑，也不惯于欢乐。他常常用忧郁的目光向天凝视，发泄他那心灵深处一种无法医治的哀伤，并想从浩瀚的宇宙中吸纳挑战命运的智慧。

从青年时代开始，贝多芬就向往着自由平等的民主思想。1789~1794 年，正值法国大革命时期。那时，欧洲各国都实行君主制，由国王统治。法国人民要求民主，反对压迫，打倒国王，推翻暴虐，建立一个民主自由的国家。这场轰轰烈烈的大革命席卷了整个欧洲。其他国家的统治者非常害怕人民革命，企图联合，迅速镇压这场来势凶猛的革命。于是，奥、德首先联合，向法国发动了战争。

1789年5月14日，贝多芬来到波恩大学，那是当时革命新思想的集中地。他报名入学，听讲哲学，接受了最初的革命思想，心中涌动着爱国主义的精神和感情。当波恩得悉巴士底狱被攻陷时，民主革命先驱奥洛葛·希那哀特在讲坛上朗诵了一首慷慨激昂的诗，鼓起了学生们如醉如狂的热情。可5年后，他在巴黎走上了断头台，为革命壮烈牺牲。正义勇敢的贝多芬很欣赏希那哀特歌颂法国人民的诗篇，预订了他待印的革命诗集，并在预订单上签上了自己的大名。

1787年春，贝多芬到维也纳作了次短期旅行，见过莫扎特，但没被引起注意。1792年11月，当战事蔓延到波恩时，贝多芬离开了故乡，搬到音乐之都维也纳去了。从此直到逝世，他几乎都没离开过维也纳。到维也纳后，他十分渴望能向著名作曲家海顿学习作曲法。遗憾的是，当时的海顿不仅在德国名气很大，甚至还誉满英国、意大利。因此，海顿每天忙于作曲和应酬，根本抽不出时间来教贝多芬。而酷爱学习的贝多芬发现海顿并没帮他纠正作品里的错误，深感不满，失望之余，中断了向海顿的学习。但贝多芬并没有因此而消沉，他不辞辛劳，访遍了维也纳的音乐家，逐个求教，很快他就凭他那神奇的钢琴演奏赢得了声誉，维也纳藏龙卧虎，云集着欧洲著名的音乐家，而当时才20多岁的贝多芬能不能被人们承认非常关键。维也纳那些贵族富豪家里，时常举办小型音乐会。贝多芬曾在布鲁宁夫人家中认识了华尔斯坦伯爵，后经伯爵的介绍，又慢慢结识了许多文艺界人士和社会名流。

有一次，华尔斯坦伯爵把贝多芬介绍给了李希诺夫斯基公爵。公爵特别爱好音乐，并十分富有。他从伯爵那里获悉，贝多芬弹得一手好钢琴。公爵家里每周五都要举办音乐会，其规模和影响在维也纳非常出名。因此，到他家听音乐会的总是座无虚席。不久，公爵就为贝多芬举办了钢琴演奏会。在宽大的客厅中，贝多芬在钢琴前激情演奏，奔放而热烈，震撼着每位听众的心弦。一时间，在场的听众情绪被充分调动起来，他们还从没听过这样激昂和热情的演奏。这场充满活力、非凡出色的钢琴演奏会使贝多芬获得了成功。他的名字在维也纳被迅速传扬，一下子轰动了整个维也纳。他的演奏是世界钢琴演奏史上的卓越成就，他把戏剧性的、炽热的激情和民歌风格的、宽广舒缓的意趣融为一体。随后，每隔两三年，他就举行一次演奏会，不断地把新的创作介绍给听众。同时，他还到欧洲各地作巡回演出，誉满全欧洲。

贝多芬踩着苦难的少年时代一路走去，经过多年的奋斗，终于被社会承认。在无比幸运的同时，苦难之神还是不忘敲响他的门，而且一旦依附，便永远不再退去。1796 年，贝多芬不幸患上了耳咽管炎。他在日记中写道："噢！如我摆脱了这个病，我将拥抱世界！但愿我能解放出一半：那时……不，我受不了。我要扼住命运的咽喉，它决不能使我完全屈服。噢！能把人生活上千百次，那该是多美啊！勇敢啊！虽然身体不行，我的天才终究会获胜。"

你看他坚毅的天性遇到磨难就会屈服吗？他那种挑战命运、自信自强的气势为决胜后来的磨难打下了坚实的基础。1799 年，耳疾已变成剧烈的中耳炎，并因治疗不善成了慢性中耳炎，耳聋更加厉害。耳聋对音乐家来说无疑是特别沉重的打击，如同画家失明一样可悲。随后，耳聋不见好转，反而更加恶化，两耳整日鸣响，听觉逐渐丧失，贝多芬的内心也受到了剧痛的折磨。纵使贝多芬有征服灾难的决心，但要使心灵惯于愁苦也需要相当长的时间。

即使贝多芬患上了多种疾病，甚至作为音乐家失去了最重要的听觉，他仍然没有屈服，没有放弃。他坚持着自己的梦想、自己的事业，对于命运的折磨，他没有低下高傲的头颅。这份坚强无疑是值得我们青少年学习的。

经受住肉体和精神上的煎熬

贝多芬渴望欢乐，实在没有时就自己来创造。当"现在"太残酷时，他就在"过去"中生活。往昔美妙岁月的光芒还会悠久地照耀。在维也纳独自遭难时，贝多芬便隐遁在故园的忆念里，借以减轻病痛的折磨。此间，他在1800年创作了《第一交响曲》，那是支颂赞莱茵河的歌谣，是青年人对着梦境微笑的诗歌。它是快乐的，既取悦于人，也取悦于己。

最初，他没把丧失听力的事告诉任何人，独守着这可怕的秘密，连最心爱的朋友也未告知。他尽量避免与人见面谈话，以至他的残废不为别人所知。30岁后，贝多芬的耳聋越来越重。周围经常接触他的人，无论他怎样隐瞒，都逐渐发现，和他谈话时稍离远点儿，他就只能干瞪着眼，但过会儿，他又会向别人发问。开始，他们还以为是他的怪癖，后来才确知他的耳聋。直到1801年，贝多芬再也不能沉默了，他在绝望之中告诉了韦格勒医生和阿曼达牧师两个好友。

他在给韦格勒医生的信中写道："我的耳朵，三年前就出了毛病，试用了各种治疗方法和药物，但总不见好转。我过着一种悲惨的生活。几年来，我躲避着一切交际，因为我不可能与人对话，我聋了。要是我干别的职业，也许还可以，但在我的行当里这是可怕的遭遇啊。我的敌人们又将怎样说，他们的数量又相当可观！在戏院里，我得坐在离乐队最近的地方，才能听见演员的说话。假如我坐得稍远些，就听不见乐器和歌唱的高音了。人家柔和地说话时，我勉强听到一些；人家高声叫喊时，我简直痛苦难忍。我时常诅咒我的生命。希腊伦理学家普鲁塔克教我学习隐忍。我却愿和我的命运挑战，如果可能的话。但有些时候，我竟是个上帝的可怜虫。隐忍！多么伤心的避难所！然而这是我唯一的出路！"贝多芬在给阿曼达牧师的信中也描述了自己的痛苦。这种悲剧性的愁闷与苦恼，在当时及以后的音乐作品中都或多或少有所表现。

贝多芬除饱尝肉体痛苦外，他遭受的更大的折磨就是精神上的痛苦——爱情的失落与煎熬。贝多芬具有清教徒的气质，他厌恶粗野的言谈和庸俗的思想。据他的一位密友兴特勒声称："贝多芬一生保持童贞，从未做过任何缺德的事。"他认为神圣的爱情绝不能有半点儿虚假的成分和观念。因此，他受爱情的欺骗，成了爱情的牺牲品。他不断追求，不断梦想，甚至于如醉如痴地钟情。然而，他的这种爱情观使他所追求的幸福立刻幻灭，并坠入煎熬的深渊。贝多芬最丰满的灵感可从这时而热爱、时而骄傲、时而反抗的轮回中去探本溯源。他这种激昂的性格和纯真的情感直到他晚年才在凄凉的隐忍中平静下来。

耳聋使贝多芬的心情异常苦闷。1801 年，他遇到了一位令他倾心相爱的姑娘琪丽尔获。他写信给韦格勒医生说："现在我又与人交往了，生活也更觉愉快。这两年来，我送走的是极为悲凉和悲惨的生活。这是你难以想象的。耳聋，像亡灵一样始终在恫吓我。现在却改变了。这变化是个亲爱姑娘的魅力所促成的。她爱我，我也爱她。两年来，我的生活第一次有了幸福的瞬间。本来我想这一次或许会有幸福的婚姻，但遗憾的是，我们的身份不同。现在结婚是不可能的了。"贝多芬为这段情缘付出了很高的代价：爱情使他深感耳聋造成的艰难，而经济能力不足则使他无法娶他所爱的人。年轻的琪丽尔获太稚气、太自私，有时甚至很轻佻风骚，这都使贝多芬十分苦恼。1803 年，她与伽仑堡伯爵订婚，同年 11 月结婚。随后她还利用贝多芬以前的感情，要他帮助她的丈夫。贝多芬立刻答应了，并和好友说："更尽力帮助自己的敌人，也更瞧不起她了。"这些无情的事实是对贝多芬心灵巨大的摧残，似乎到了颠踬的地步。这莫大的屈辱几乎使他完全陷入绝望，他差不多想结束自己的生命。除艺术外，是道德在患难中支持着他，使他不曾自杀。

惨痛之余，贝多芬向上帝祈祷："给我真正的欢乐吧，哪怕一天也好，我已很久没听见欢乐的声音了！天啊！请赐我力量，让我不因磨难而屈服。我尚未完成创作的使命，在没完成前就离开这个世界，这是不可能的。但愿能用坚强的毅力来抵抗命运之神企图吞噬我生命的计谋。我要摆脱不幸，拥抱世界，把最美好的音乐献给所有的人，并帮助人们脱离这种不幸和苦难，决不屈服。"一种无法抵抗的力量把痛苦和忧郁一扫而光。他那坚强的意志占了上风，生命的沸腾掀开了乐曲的篇章。他渴望耳疾能痊愈，渴望爱情，渴望幸福，对未来充满了希望，憧憬着美丽的前景。他勇敢地面对命运，开始了史无前例的挑战。

贝多芬在致韦格勒的信中说："无论何时，我应当尽一切可能地在此生此世赢得幸福——决不要苦恼。不，可怕的苦恼，这是我不能忍受的！我要扼住命运的咽喉！命运决不能令贝多芬屈服——噢，能重新活上千百次真是太美妙了！"像贝多芬这种乐观向上的心境，青少年们是否能够做到呢？

第 3 章

成才路上需要导师的栽培

正如贝多芬所说："年轻人把受教育、求进步的责任和对恩人及支持者所负的义务联结起来，是最适宜不过的事。"在我们的生命过程中，成才路上总少不了导师的栽培和纠正，没有他们的教导，我们就会像未经修剪的树枝长出旁逸斜出的枝丫。对于我们生命中的导师，我们都应该心存感恩。

第一节　不在背后议论老师

年轻人把受教育、求进步的责任和对恩人及支持者所负的义务联结起来，是最适宜不过的事。

——贝多芬

贝多芬与老师的情谊

在贝多芬小的时候，波恩还没有什么音乐专科学校，所以他的父亲大多数是请私人先生来教他，就像我们中国过去拜师一样。贝多芬的父亲约翰几年来已经把自己的本事全部教完了，再也没东西值得贝多芬学的了。他只好请比他本领高的乐师或是贝多芬祖父的朋友来教，这些人往往教不了多久，就感到力所不及，因为贝多芬特别聪明，进步太快，很快就能青出于蓝。约翰只好另请高明。

在这一段时期，这些老师走马灯似的在贝多芬身边换来换去，每个老师都认为贝多芬很有天分，可是人人都觉得力不从心。直到有一天，小贝多芬遇到了一位真正适合自己的老师，这就是涅伏，他不仅教贝多芬弹奏的技巧，还教他如何做人的道理。贝多芬终生感激这位人生路上的第一位老师。

涅伏是格罗斯曼·赫尔默恩协会乐队的指挥。虽然他还不到30岁，但是，在指挥歌剧方面来说，不论在莱比锡还是在德勒斯登，人人都知道他是位指挥好手。不仅这些，他还会作曲。他早已出版了24支奏鸣曲、歌曲及颂歌等好多作品。1781年年底的一天，贝多芬由父亲带领，拜见了这位年轻的音乐大师。从此，他的音乐生活揭开了新的一个篇章。

小贝多芬一到，涅伏就要他坐到钢琴旁边去，要他弹奏巴哈的钢琴曲。小贝多芬用他非常有力的手指专注地很熟练地弹了一曲。

"不错，不错。"涅伏一边点头，一边止不住地夸奖。

"难得！难得！真是难得！这样高的天分，实在令人惊奇！现在，再挑一首即兴弹一弹。"涅伏这么一说，小贝多芬弹得更有劲了。

"好了，你是天才！如果努力，你会是第二个莫扎特！"

这时约翰再三恳请他收下贝多芬这个学生，涅伏虽然自己每天都很忙，但是看到贝多芬这样的天才，还是毫不犹豫地答应了约翰的请求："好吧！从明天起让他到我这里来上课吧！"

涅伏决心以自己的方式把贝多芬调教成音乐大师。为此，涅伏为贝多芬准备了系统的音乐理论课程。不过，涅伏可是一个非常严格的老师。尽管小贝多芬已经累得精疲力竭了，但是，如果他发现一点不满意的地方，就要严厉地训责一番。有时候小贝多芬也会私下里和朋友抱怨老师的严苛，但是他知道，老师都是为了他好。

小贝多芬学习通奏低音、钢琴演奏，与此同时，涅伏开始将乐理知识排入了贝多芬的课程表。他用通俗易懂的语言，讲解音乐是通过声音塑造的形象，是表达人类思想感情的一种方式。真正的音乐能表达文字所不能表达的内容。在音乐面前，文字可以说只是一种可怜而贫乏的工具，它是出于人们相互理解和共同需要而产生的。可音乐呢，仅仅几个音节，几个短暂的声响，就能使人们震惊、感伤、舒畅、激动。人类内心里每一种微妙的情感，它都能生动地展现、表达出来。

涅伏先生这些深入浅出的讲解是小贝多芬从未听过的。他开始被涅伏先生那渊博的学识、亲切的谈吐和闪光的人格力量所折服。在相当长的一段时期，涅伏先生成了贝多芬最盼望见到的人。他每天按时到涅伏老师家里上课，师生之间处得十分融洽。

涅伏挺喜欢这个倔强又有些忧郁的小孩，从心里产生了一种怜爱。他对贝多芬说："孩子，我要教你钢琴、提琴，还有风琴。唔，关于作曲，你也要学。"

涅伏同约翰的教法明显不一样，他先从基础讲起，循序渐进，逐步由浅入深。他不仅教贝多芬弹奏方法，也给他讲乐曲的内容，休息时他还给贝多芬讲关于音乐家的故事等。贝多芬此时才眼界大开，真正感受到音乐的魔力。在涅伏老师的教导下，他的演奏技艺飞速地长进。

一天，师生两个聊了起来，涅伏问贝多芬："你学音乐是为了什么？"

"当音乐家，当有名的音乐家。"贝多芬不假思索地回答了老师的问题。

"很对，可是当有名的音乐家又是为了什么呢？"涅伏把问题又深入了一步。贝多芬想了一想说："爸爸经常告知我的是成为一个大音乐家，可以挣得很多的钱。我并不同意他的说法，可究竟为了什么，嗯！这个问题我也没想清楚。"

对这个既简单又十分复杂的问题，10岁的贝多芬确实难以描述清楚。

"孩子，"涅伏郑重起来，一脸严肃的神情，"你要时刻记住，要用音乐弘扬人类的美德，战胜邪恶。对遭受痛苦的人们给予同情、温暖，使他们得到安慰。千万不能为了金钱、名利，让音乐成为权势者的奴仆，出卖了自己的灵魂。"

小贝多芬听懂了，这次谈论在他的心上深深地打上了烙印，这个观念影响支配了他的一生。他之所以傲然屹立，不随波逐流，追求真理、正义，追求真善美的艺术境界，就受益于这位良师的谆谆教诲，是涅伏老师给他上了人生的第一课。

想想我们的人生中，在学校接受教育时，跟老师相处的时光就有十几年，其过程中也许会有一些不愉快和误会，但即便是这样，也不应该在背后议论老师，我们可以说出来，跟老师沟通。因为每一个师者都是以教书育人为己任的，他们的初衷一定是为学生好，就像贝多芬的老师涅伏一样。我们要对老师心存感激。

背后议论老师是不对的

背后议论他人是很不好的习惯，更何况议论的是老师，更是不应该发生的事情，但背后议论老师这种情况却偏偏在个别同学身上存在。

王丹对数学老师心怀敌意，认为他不够负责任，对自己也不好。一天，她放学回家，在胡同口看见数学老师和一名陌生的年轻女子并肩走在路上，她觉得很奇怪。第二天是星期六，她和好友一起逛街，又看到了数学老师和该年轻女子亲密的身影。

王丹见过师娘，而那名女子并非师娘。当时，她鼻孔里"哼"了一声，好友问她怎么了，她一下子将心中的不满发泄了出来："我看咱们班数学老师根本就不值得信任，我觉得他的生活作风就有问题，那个女人，哼哼……"

可以说，王丹的做法非常不对，怎么能在背后随便议论和中伤老师呢！如果这些话传到了老师的耳朵里，岂不是更糟吗？

可以肯定，在背后议论老师的行为是非常不应该的，应该及时纠正，你必须清醒地明白：

1. 即便你与老师有矛盾，背后中伤也非光明正大之举。对老师心有不满，应通过正常的渠道沟通解决，背后随便议论老师，这是非常不理智的行为，既容易使他人对你的人格产生怀疑，也较易激化师生之间的矛盾。

2. 不可对老师造谣中伤。带有自己一定的主观目的议论老师，这是最不应该的。作为学生，尊重老师是最起码的一点，也是一定要做到的，对老师造谣中伤，会伤害师生之间的感情，这是不应该的，你一定要有清醒的认识。

3. 必须改正背后议论他人的毛病。如果仅仅因为背后说人的毛病，而将老师的个人形象和声誉搭上，这是十分不对的，光明正大的行事不比暗箭伤人来得坦然吗？

4. 已经对老师造成的影响一定要设法消除，并向老师道歉。也许你不经意的话，已经使老师的个人声誉和形象受到了一定的影响，这是不应该的，你应该尽自己最大的努力去弥补过失，消除不良影响，假如有必要的话，你要跟老师诚恳地道歉，相信老师是会原谅你的。

总之，背后议论他人是一种坏习惯，也是不应该的，无论如何，必须得改正过来。说到老师和学生的问题，贝多芬自然也有过从师学习的经历，面对要学的那么多的课程，他也曾抱怨过老师，发过牢骚，但是他是理解老师的，因此心中更多的是充满感激。正如贝多芬所说："年轻人把受教育、求进步的责任和对恩人及支持者所负的义务联结起来，是最适宜不过的事。"

第二节　不要当面顶撞老师

能够与老师和睦共处自然是好事，可是有时也会因为种种原因，师生之间可能会发生争吵，这时候尽量私下找老师沟通，而不应该当面顶撞老师。

出言顶撞解决不了问题

贝多芬与他的导师之间可以说从来都没有发生过正面的冲突，老师始终尽心地培养贝多芬，贝多芬也尽力地接受学习。在现代社会，能够与老师和睦共处、有效沟通自然是好事，可是有的时候，因为种种原因，师生之间可能会发生争吵、冲突等种种情况。中学生年轻气盛，有可能一时冲动顶撞了老师，事后经常会感到后悔、后怕，担心老师会"报复"自己，对自己不利。遇到这样的情况，究竟该如何应对呢？北京市的初三学生洋洋同学日前就遭遇了这样的烦恼。

最近，因为一件小事，洋洋竟然头脑发热地跟班主任老师大吵了一架，老师当时很气愤，说他不懂得理解老师，他也不甘示弱，坚持自己并没有做错。

事后，洋洋同学有点儿后悔了，毕竟跟老师吵架是很不理智的事情，但现在他最担忧的是整天在老师的眼皮子底下"过日子"，老师会不会因此不喜欢他了呢？

洋洋同学顶撞老师之后非常后悔，这也给大家提了一个醒——千万别顶撞老师，这样做对你没有任何益处。

可以这么说，从心理上讲，人们都喜欢和睦融洽的人际关系，大家友好相处，心情舒畅该多好啊。但由于各种各样的原因，同事之间、同学之间、干群之间、师生之间等又难免会产生矛盾。学生与老师有分歧或言语冲突，也属正常现象，大可不必多虑。而有的同学则担心老师会报复自己，所以精神紧张，顾虑重重，影响了学习和生活。产生这种心理原因大概是以下两个方面：

1.社会存在。十个指头不一般齐，人也不可能一模一样。品格高尚、胸怀宽阔的君子大有人在，但也不乏卑鄙狭隘的小人。社会上因得罪自己不择手段报复他人的恶事并不少见，学校中少数的心胸狭小的老师报复学生的事例也绝非没有。这些现象自然影响到学生，给他们的心灵蒙上了阴影。

2. 自寻烦恼。中学生毕竟年龄小、阅历浅、生活面窄，所以很多事情他们不可能看清看透。和老师的言语冲突，有可能属于正常的学习上的争论，老师并没有放在心上。或者，明智的老师很可能由此看出学生身上潜在的优点，心中极为赞赏，根本不会产生报复心理。这些，有许多学生并未理解，却变得"小肚鸡肠"，只会担心、害怕，自寻烦恼。

以正确的方式和老师相处

作为学生，我们应该避免与老师发生正面冲撞，并尽量做到以下几点：

1. 我们应该尊敬老师。师生关系是教育者与被教育者的关系。老师是教育者，又是长者，他们阅历丰富，学有所成。可是学生则是被教育者，他们年龄小，阅历浅，对许多事情不懂不会。虽然我们常说，老师学生是平等的，无高下之分，但这主要是指在人格方面。

在学识、职位和年龄等方面，老师就是老师，学生就是学生。我国历来就有尊师重教的好传统，如"一日为师，终身为父"。"师徒如父子"，把师生关系说成是父子关系，就是说学生要像尊敬父亲那样来尊敬老师。毛泽东同志虽身为党和国家的最高领导，但是他依然非常尊敬自己的老师。他曾对徐特立说："你过去是我的老师，现在是我的老师，将来还是我的老师。"

如果老师一点尊严都没有，他能教育好学生吗？反过来说，做学生的要向老师学知识，可是却不虚心，甚至全然不把老师放在眼里，学生能学到什么呢？所以老师的尊严一定要有，学生对老师的谦恭也一定要有。

2. 要了解老师。人们常说"千人千脾气"，老师也不例外，也有自己的生活习惯、业余爱好、待人方法、喜怒哀乐。了解了老师的这些特点，你才会在与老师交往过程中处于主动地位，才有可能准确地把握老师对你的态度、意见或对事物的看法，不致产生误会，甚至费力不讨好。

有的老师很严厉，批评起来如急风暴雨，过后雨过天晴，对这种老师的批评你就不要太介意，做错了改了就好，不必心情沉重；有的老师批评很含蓄，语言委婉，甚至寓批评于故事之中，这并不说明他对你意见不大，你可以置之不理；有的老师性格粗犷，不拘小节，你也要在大事面前不糊涂；有的老师管理细致，你也要一丝不苟，认真仔细。总之，要因人而异。

3. 要善待老师的缺点。老师肯定是有缺点的，做学生的对此要有分析，区别对待。老师的缺点与工作无关，就不要去留下管它；有碍工作，可适当提醒。老师之所以误认为是你做错了事，一是他工作不细，二是可能与你有类似缺点有关。何况你的强硬态度使老师下不来台，难免把你们之间的关系弄得糟糕。

4. 要以诚相待。学生应真心实意地尊敬老师，对老师讲实话，维护老师的威信。这样老师才能作出正确的决策。有时对老师进行适当的称赞，会使他增强信心，对班级工作会有好处。这与为牟取私利的阿谀奉承不是一回事儿。

5. 说话注意场合。一方面，我们的老师是长者，是先生；另一方面，我们的老师又是普通的人，难免有失误的时候。因此，当我们与老师有分歧时，一定要注意场合，适时适度地提出，既要考虑到学习，也要考虑到维护老师的尊严。

6. 要心胸开阔。我们在学习工作中会遇到许许多多的问题，何况师生之间本身就是一对矛盾体，没有冲撞是不可能的。有了矛盾后，我们不应把它当作负担压在心上，要正视它的客观存在，一如既往地学习。

7. 要严于律己。言语冲突产生了，无法逃避。作为学生应主动与老师交换意见，主动承认错误、承担责任，求得老师的谅解。如果有老师的不是，我们也应注意分寸，相信老师会妥善处理这个问题。

8. 要宽以待人。当然会有极个别的老师利用工作之便对与自己有冲

突的学生施行报复。这时，你也不必害怕，一是要稳住自己，谅解他人，更加严格地要求自己，更努力地学习工作，用你的行动证明你的公正、清白；二要善于保护自己，在你确实为难的时候，争得学校、同学、家长的同情和支持，帮助你共同渡过难关。

要知道，所有的老师都希望自己的学生早日成才。即使是最严厉的老师，也有一颗善良的心。与老师相处不愉快时，要学会"换位思考"，假若我是老师我会怎样？这样很多不快就会云消雾散。师生感情是世上最纯洁的感情。在当今这个物欲横流、世态浮华的大环境中，这种感情也较少被"污染"。如果你能结交一位品德高尚、学识渊博的老师，对你一生将大有裨益。

尊重老师，就是尊重知识，就是尊重你的未来。如果你冲撞了老师，建议你主动与老师谈心，承认顶撞老师是错误的，请求老师的谅解，并说明真相，消除误会，把你心上的石头放下来。这样，你就会放下思想包袱，满怀信心地去迎接明天的太阳。

第三节　主动适应新的老师

新老师并不可怕，只有你用心去与对方交流，就能与他成为知心朋友。如果班里来了新老师，就意味着有新的教育教学思路会被带入班级，但学生可能因为对以往老师的怀旧心理，对新老师存在怀疑、恐惧心理，以致难以适应新老师，从而产生种种问题，弄得自己十分烦恼。

要主动适应老师，不要让老师适应你

贝多芬成为举世闻名的大音乐家自然不是无师自通的，他也曾跟随几个老师学习。这些老师的教学方法不尽相同，但是贝多芬依然适应配合着老师，学到自己需要的乐曲知识。

对于现代的青少年来说，学习当然是首要任务。我们必定会面临语、数、外等各科老师。如果班里来了新老师，就意味着有新的教育教学思路会被带入班级，但学生可能因为对以往老师的怀旧心理，对新老师存在怀疑、恐惧心理，以致难以适应新老师，从而产生种种问题，弄得自己十分烦恼。

在小学的时候，曹威就是学校里的积极分子，文艺演出时，老师让曹威报幕；舞蹈表演时，领舞的总是曹威。后来的事实证明，曹威的反应很快，语言表达也很好，除了主持节目，曹威还为报纸采访、写稿，能力得到了非常大的提高。

进入中学后，曹威顺着小学的轨迹，一直这样走着。虽然曹威是学校的名人，但她一点儿也不觉得有什么值得骄傲的地方，爸爸一直教育曹威要有平常心，曹威牢记在心。在刚认识曹威的人眼里，她是一个很文静的女孩，在陌生人面前，曹威的确不喜欢多说话。

虽然曹威今年上初二了，个子也长得像妈妈一样高，同龄的女孩都穿得花花绿绿的，曹威却每天都穿着质朴的校服。班里很多女生看港台言情小说，看卡通书，妈妈和老师告诉曹威，卡通书和言情书对青步年的成长没什么益处，曹威便自觉抵触这些书籍，有同学主动要借给曹威看，她连看都不愿看一眼，坚决地回避。同学们对曹威的评价是"妈妈的乖孩子，老师的好学生"。

可是，最近，曹威却遇到了与老师相关的烦恼。自从他们班来了新班主任之后。曹威就被冷落了。因为新班主任把原来的班干部做了彻底的调整，曹威原来是班长，现在一下子被调成了副班长，老师说这是为了让每一个班干都得到很好的锻炼机会。

曹威渐渐"发现"新班主任偏爱那些嘴巴甜、会向她献殷勤的同学。他们班有一个女生B，学习不好，还好吹牛，他们原来的班主任经常批评她爱慕虚荣，可是，因为B一天到晚总是在新班主任面前套近乎，还给她小孩织帽子，新班主任十分喜欢。

其他同学都不敢跟老师开的玩笑，B敢大声跟新班主任开；B犯了错误，新班主任总是轻描淡写一番。而对于像曹威这样的人，新班主任就严厉得多。曹威崇尚朴素，不喜欢跟不投缘的人多说话，新班主任有一次指责曹威"傲气"，曹威感到很苦恼。

由于情绪不佳，上课的时候，曹威开始走神。一次正好是在上新班主任的外语课，她正在讲语法，曹威又恍惚起来，新班主任看曹威的样子，很生气地叫曹威站起来回答问题。虽然曹威回答对了，她还是很气愤，批评曹威骄傲自满，还说什么不要吃以前的老本什么的，曹威的眼泪忍不住流了下来——在课堂上被老师点名站起来接受责备，这在曹威的学生生涯中还是第一次。

新班主任似乎没看到曹威在流眼泪似的，只是冷冷地对曹威说："坐下。"曹威坐下来，全班的同学都在看着她，曹威难过得无法支撑自己，只得趴在桌上轻声抽泣。有的男生同情的小声议论说："她哭了。"老师很恼火地说："有的人就是这样，受不了一丝责备，她以为自己就代表着完美。我今天倒是想看看，这样的人完美在什么地方。"这些话，一句句像刀子一样剜着曹威的心。

说完，新班主任没有再理睬曹威，而是继续上课。曹威就这样直趴到下课，才有好心的同学来安慰她，他们的同情和安慰使曹威感到心里好受了一些。

但新班主任对曹威的态度从此就更加淡漠，曹威对她自然更加没有好感，她们之间的关系就一直僵持着。曹威的心情非常不好，夜里睡觉都做噩梦，梦里新班主任还在为难自己。

一次在校学生会开会，团委书记关心地问曹威为什么瘦了，是不是近来学习太紧张，她还要曹威注意身体。曹威眼睛都红了，但终究还是没有把自己和新班主任的瓜葛告诉她，曹威习惯把烦恼放在心里，况且团委书记和新班主任是同事关系，她们关系处得不错，她想着自己又何必在一个老师面前说另一个老师的坏话呢？

班里那些被新班主任一手提拔的干部，工作做得还可以。班长的工作虽然不是按照曹威原来的路子，但也有她的长处，相比之下，曹威这个副班长显得徒有虚名。以前，大家有什么事都习惯了找曹威来拿主意，现在，曹威在班里逐渐成了被大家忽视的对象。学校里的活动不像小学那么多，学校强调更多的是学生的成绩。可是，曹威的成绩现在也开始退步了，原来曹威一直是班里的第一名，现在已跌到第三名或第五名去了。曹威的心里非常烦恼，对新班主任，曹威有心理上的害怕、反感和讨厌，曹威想说服爸爸让她转学。但她现在就读的这所中学就是重点，也是全市最好的中学，又能去哪呢？

看，面对新来的老师，曹威表现得如此不知所措，这是为什么呢？一般来说，不适应新老师的原因有：

1. 过去受过的宠信太多。如果一个学生过去表现得很优秀，深受老师喜爱，那么他在遇到挫折时的承受力就较差，难免会出现心理落差。

2. 对老师的期望值过高。如果新老师不能达到学生所期望的高度，就很有可能导致学生无法与老师友好相处，这时候学生出现一些不习惯的情况也很自然。

3. 对新老师心存疑虑和不信任。对新老师的抵触心理会直接导致师生之间的不信任，因此师生间难免会有些磕碰。

如何尽快适应新老师

1. 忘掉过去，重新起步。也许，在以前的老师领导下，你的确表现

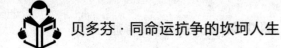

得很优秀，但是请记住，现在来了新老师，你和所有同学一样，已经处在一个新的起点上了，不要总是眷恋过去的成就，应以饱满的热情和务实的态度来面对现实生活。

2. 多加接触，适应老师。人与人之间的心理距离在很大程度上是因为空间距离在作怪，如果你和老师鲜有接触的话，你和老师就没有办法做到互相了解和信任，所以，在平时的生活中，你应该多和老师接触，摸清老师的脾气，这样你就容易与老师友好相处啦！

3. 勤奋学习，敢于表现。虽然来了新老师，但不要就此放松对自己的学习要求，要一如既往地努力学习，这样才是对自己负责任的态度。其次，面对老师时你应该勇于表现，这样就会使你在新老师面前尽快脱颖而出。总之，新老师并不可怕，只有你用心去与对方交流，才能与他成为知心朋友。

第四节　认真对待老师的批评

老师批评你并非是想跟你过不去，而是以另一种态度来为你负责，所以，你应该理解老师的批评。

认真接受是对待老师批评的态度

贝多芬可以说是一个很有个性的人，他有自己的想法和创造，当然这些思想有好有坏，他的老师也会经常修正他，不管老师的这些建议是错是对，他都会认真对待，老师对他的态度很满意。

现在的很多青少年学生对于老师的批评很反感，有的人甚至对批评自己的老师抱着仇恨心理。其实，老师批评你并非是想跟你过不去，而是以另一种态度来为你负责，所以，你应该理解老师的批评。

冯老师是温小洲高二时的班主任，他那时已50多岁，却还同时带着两个班的语文，可谓是老当益壮。作为全国特级教师，他的课讲得确实很精彩，可对于这样的优秀老师，温小洲却并不怎么在乎。

那年温小洲十七八岁，正值青春叛逆的时候，一向自以为是的温小洲成绩差得让父母寒心。有一个夏夜上晚自习的时候，温小洲伙同一帮人趁老师不在玩耍，被冯老师撞个正着。他毫不客气地罚温小洲站在讲台边，唠叨着给温小洲上"政治课"。

而温小洲面对他的教导，根本无心去听，相反，却在心里酝酿出一个"阴谋"，决定明天吓吓他。

第二天，温小洲捉了条青蛇塞进了冯老师的讲桌内。冯老师毫不知情，拉开抽屉取粉笔时，小蛇突的一蹿。"啊，蛇！"冯老师吃了一惊，顿时面如死灰。

教室里一阵喧哗，而温小洲却忍不住笑出声来。冯老师那双浑浊但洞察力很强的眼睛随即落在了温小洲的身上，温小洲无处遁形。

随即，他开始讲话了："大家听着，如果像温小洲这样的人都能考上大学，冯某我就能倒着头走路！"他的声音颤抖而沙哑，像一根鞭子落在温小洲身上，又如针尖一样刺在温小洲的心房，他感到了前所未有的痛苦……

从那时起，温小洲就决意要活出一个全新的自我，要做一个有用的人，他要让冯老师明白：他不是一个可以被他歧视、打败的人！怀着这样的信念，温小洲投入到了紧张的学习中，全身充满着激情，不再空虚失落。

进入高三以后，温小洲的成绩进步神速，期中考试结束，温小洲赫然进入了年级前15名，同学们都惊呆了，温小洲的心里有一股报复后的深深快感。

然而，在残酷的高考面前，温小洲失利了，只被一所专科学校录取，温小洲觉得无颜去见冯老师，但好友带来了冯老师的话："温小洲的努力也算成功了，这个结果对于他来说已经算是奇迹，当初对他用激将法还真担心伤害了他，不知道他现在原谅我了吗？"

温小洲这才理解了冯老师用心之良苦，他真的从内心深处感激冯老师，感谢他曾经给予自己的批评。

看，温小洲班上的冯老师正是运用自己的策略，用批评激发了学生身上上进的斗志，从而改变了温小洲的人生，这样的老师难道不值得尊敬吗？

老师批评你，一般不是无原则、没有缘由的，一般来说，无非出自以下3种情况：

1. 你某些方面表现得不尽如人意。比如说你成绩下滑，在班上的表现也不尽如人意等，在这种情况下，老师可能对你提出批评。

2. 你做错了某些事情。譬如你与别人打架了，面对这种情况，老师能无动于衷吗？如果老师不批评你，那才是真正的不负责任呢！

3. 老师误解了你。这种情况也有可能，老师不了解实际情况，也有可能会"冤枉"你，使你感到很委屈。

怎样应对老师的批评

1. 不要轻易惹老师生气。如果你处处对自己严格要求，提高自觉性，努力学习，遵守纪律，相信老师也不会没来由地批评你，对于这样的好学生，老师一般是喜欢还来不及呢！

2. 面对老师的批评要虚心接受。老师批评你肯定有一定的道理，不要一味地抵触、不服气，要虚心接受，并反思自己的言行，努力改变自己并达到老师的期望，老师激励你进步的目的达到了，你也在成长，这又有什么不好呢？

3. 宽容地对待老师。即便老师真的误会了你，你也不可因此而仇视老师。老师只有两只眼睛，一对耳朵，不可能做到事事明了，如果只是受了一点点委屈，又何必时时耿耿于怀呢，何不大方地忘记这一切呢！免得让自己更加烦恼。

4. 如果事态的确严重，请跟老师解释。老师也是通情达理的人，在一些原则性不可让步的问题上，面对老师的误会和批评，你则应该选择适当的时机向老师说明事实真相，为自己讨回公道。

总之，老师批评你在某种程度上可能也是为了你好，作为学生的你必须意识到这一点并认真对待。

第五节　珍惜老师对自己的信任

得意时更要留意，要注意自己的一言一行，珍惜老师对你的信任。

得到老师的信任是一种幸运

说到老师的信任，贝多芬无疑是幸运的，这个也要从小贝多芬遇到涅伏老师说起。

涅伏先生不仅是小贝多芬的良师益友，更是他的一颗福星。在他的精心培养下，贝多芬得到了良好的引导，并且极大地发挥自身蕴藏的潜能。

1783 年，贝多芬的处女作在涅伏的大力举荐之下出版了。在涅伏的指点和关照下，贝多芬的事业有了很好的起步。1782 年，当贝多芬仅 12 岁时，就以管风琴独奏家的身份代替了涅伏的职务。第二年，音乐出版家格茨出版了他根据德雷斯勒的进行曲改编的《钢琴变奏曲》，这是贝多芬发行的第一首作品。其间，涅伏的作品同样受到了关注和好评。

不久，当地又一家杂志预告贝多芬的一些重要作品要出版，它们是 3 首题献给"仁慈的国王马克西米利安·费里德里希"的钢琴奏鸣曲。所有这一切都表示，贝多芬在涅伏的引导下，正朝着伟大音乐家的目标迈开了坚实的步伐。

正当贝多芬踌躇满志的时候，他的家境却一天坏似一天，繁重的家务理所应当地落到了他的肩头。他每天都忙于做饭、洗衣和照顾两个顽皮的小弟弟。这从早到晚的忙碌让他根本就没有时间再去练琴。

一天傍晚，父亲又去泡酒馆了，弟弟们去楼下玩耍，家里只有母亲和贝多芬两个人。

"好孩子，辛苦你了，你为什么每天都待在家里，不去学琴呢？"

"妈妈，我以后不再学琴了，我想好了，我明天就去找涅伏先生，跟他告别。"

听了儿子的回答，玛戈琳纳感到非常难过，一时间，五脏六腑俱痛，泪水潸然而下。

第二天，贝多芬脸色苍白，红肿着眼睛跑到涅伏先生的家里。

涅伏老师非常讶然："怎么了？你身体不好吗？你的脸色为什么这么苍白？"

涅伏先生这一问，贝多芬尽管一再咬紧嘴唇，大颗大颗的泪珠还是情不自禁地流了下来。

"有什么事情让我们的小天才这样难过？你说说看。"涅伏先生把贝多芬抱在怀里。

于是，贝多芬一面不停地抽泣，一面断断续续地细说原委。

涅伏先生了解他家里的情形之后，就出去替他四处奔走。在先生的努力之下，贝多芬当上了宫廷礼拜堂的风琴手，年薪是150个金币。

贝多芬咬着嘴唇，含笑仰视着恩师，他抑制不住自己的感激之情，兴奋地说道："太感谢您了，先生！"有了这笔收入，对于这个陷入困难的家庭有着很大的帮助。

自从有了涅伏这位老师，贝多芬身上那天才的音乐细胞都渐渐地觉醒、活动起来。而涅伏赐予贝多芬的也不仅仅是作曲与演奏的技巧，更宝贵的是对贝多芬音乐天分的由衷赏识，并以自己高尚的人格去呵护这位少年天才的成长。

在1784年的一份年薪表中，涅伏老师的薪俸从400个金币减至200个金币，而贝多芬则突然间得到了150个金币。在当时，一个初出茅庐的少年乐师跟大名鼎鼎的老师的薪金只有这么点差额，是很令人奇怪的，也足以使老师感到难堪。

的确，涅伏得到这一消息后大为气愤，他为自己如此被人看轻而愤怒，但是他没有迁怒于贝多芬，他相信肯定不是贝多芬捣鬼。事后知道，原来是因为名字上的小小差错，闻名全国的涅伏被当成了另一位不知名的、平庸的乐师，从而有人打报告拟免去他管风琴师的职位，由已经崭露头角的贝多芬代理，这报告得到了选帝侯的批准。事情查清后，选帝侯提议恢复涅伏乐团管风琴师的职位。那么贝多芬呢？有人主张撤销任命，并付给他一笔小费作为安慰。

这时的涅伏却在沉思了片刻后，以坚定的口气说道："君王殿下恕罪。在这件事尚未决定之前，我决定放弃我半数的年薪。那孩子是我的学生，一个出众的人才，可以说是天才。我思想上可以对他下拜，我有责任关心他的一切。"

这番话令选帝侯十分感动，他深深地佩服涅伏的音乐才能，

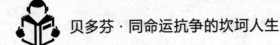
这样也就深深地知道涅伏所说"天才"二字的分量，他当即宣布对贝多芬的任命不变，并在合适的时候，恢复涅伏 400 个金币的年薪。

　　这段佳话或许经过后人的渲染，但我们有理由相信，贝多芬乐意追随并由衷感激的老师会如此大度、如此高尚，会把一个人的天才看得比金钱乃至于自己都更为重要。所以，我们也有理由替贝多芬庆幸，庆幸他找到了这样一位明智、无私而又对自己如此信任的老师。

　　也许你的学习成绩在班上很优秀，也许你身上的艺术细胞很丰富，也许你长得漂亮可爱，也许你聪明伶俐会来事儿，总之，你由于在某一方面特别出色，因而深得老师的喜爱，成了老师整日赞扬的"宠儿"。因此，你感到自豪，感到欣喜。然而，笔者得提醒你，得意时更要留意，要注意自己的一言一行，珍惜老师对你的信任。

不应该不正当地"利用"老师的信任

　　阿豪是一名初一学生，班主任老师本来对他十分信任，什么事情都放心地让他去做，对此，阿豪心里非常高兴。久而久之，同学们也都感觉到老师对阿豪的态度更好一些，就主动和他亲近。阿豪一时得意，竟做出了错事。

　　由于他在班上担任纪律委员，有的同学为了求得照顾，在圣诞节的时候纷纷向他"送礼"。这件事情之后，班主任反思了自己，决定以平常心来对待阿豪。面对老师变淡的目光，阿豪觉得有些迷惑。

　　上面这个例子说明，当你得到老师信任的时候，绝对不要扬扬得意，否则，老师的目光很可能会从你的身上转移。

　　xx 学生和老师关系"瓷"，自然在许多方面都会得到老师的特别关照。

不过，福兮祸所伏，从居安思危的角度出发，笔者觉得好学生须警惕来自这样 3 个方面的"隐患"：

1. 注意潜在的不适应的危险。学生如果总受着老师的宠爱，接受着老师委派的一项项重任，沉浸在老师的赞美与同学的羡慕的喜悦之中，自尊心获得了极大的满足，那么这样的学生比较容易形成一种只能高高在上，不可"低尊屈就"的心理定式。

但是，深受老师宠爱的这种地位不是"终身制"。或许你有一天表现得不是那么出色了，也许你换了个不太欣赏你这种类型的老师，或许你升入新班后就显得不那么出类拔萃了……这些都会使得老师不再把"特别的爱给特别的你"。一旦发生这种情形，你往日那不断受到强化的自尊和满足感就会大受挫折，心理一下子就会失去平衡。

譬如，一个男孩在小学时期一直深得班主任的优待，但是上初中之后他所在的班换了个班主任，而这个班主任远远不像他的前任班主任那么喜爱这个孩子。于是，这个孩子感到失去了老师的关注和赞扬，同学们也开始眼中无他了，从而他失去了对自己的信心和勇气，产生了极度的焦虑情绪，这致使他的学习成绩一落千丈。对于这些情况，你必须有清醒的认识。

2. 不要产生"骄娇"二气。好学生在某些方面比较出色而深得老师的宠爱，于是老师就不知不觉地给予了他们过多过高的赞扬，有时候可能超出了他们的承受能力，使之不自觉地高估了自己。因而在与同学的相处中他们容易表现出一种居高临下的骄傲态度。同时，好学生比较注重参加一些社会活动和学校、老师举办的活动，而不屑于参加一般同学举办的一些日常活动，这样就容易导致他们缺少知心朋友，在班上比较孤立的情形。

此外，受老师宠爱的学生大多都是班里的尖子生，他们中的一些人有较强的心理优势，平时成功的多，失败的少，所以一旦受了挫折委屈，就感到自身的价值受到了空前的贬低，心理上承受不起。这样的心理也是必须革除的。

3.警惕独立性差，没有自己的主见。老师过分地宠爱和赞美往往使好学生产生自主性差、看他人眼色行事的习惯。他们当"好孩子"当惯了，而"好孩子"意味着对老师等权威的服从，一举一动都要给别人留下好的印象。于是等这些孩子长大以后，其个性表现倾向于以他人尤其是权威的取向是从，使自己的言行表现受制于他人的赞美。这样就容易导致他们创造力差、做事缺少勇气和闯劲、惧怕他人的议论和外在的压力、活得特别苦特别累、难于干成大事等一系列问题的产生，往日那些辉煌与荣誉已越来越成为模糊的幻影。

总之，好学生也要在脑中绷紧另一根弦，建立起忧患意识，才能将自己的优秀和过人之处继续坚持下去。

第六节　把老师拉进自己的心门

打开你的心门，积极去与老师接触、交流，你就能正确地处理好师生之间的关系，使自己在和谐的氛围中不断地学习和进步。

把老师当作朋友

贝多芬与他的老师之间一直维持着亦师亦友的关系。有时候老师直言对他的看重和批评，他也会和老师倾诉自己的疑问和苦恼。这样毫无距离的师生关系也许是现在很多同学都羡慕的吧。

由于现在的青少年正处于青春叛逆期，而有些老师的做法可能又过于严厉，没有考虑到同学们的感受，因此很多同学对老师求全责备，一旦老师有某方面不能尽如人意，则会引起他"厌屋及乌"之情，一下子将与老师交流沟通的大门关上，这样拒绝交流的心态是不对的，也是必须纠正的。

　　白云也曾想努力地去改变这种状况，可结果却不尽如人意。她觉得数学老师的课总是死气沉沉，黑板上的字像蚂蚁一般大。有的同学说数学老师的催眠术倒是不错，干脆就伏在课桌上呼呼大睡。白云虽然跟不上老师的进度，可又不敢公然"钓鱼"，只好自己在下面自习。

　　一次晚自习，正巧数学老师下班，白云鼓起勇气向老师请教了一道题目。老师一声不吭，在草稿本上演算了一遍。看着演算过程，白云这才恍然大悟，原来自己的思路卡在了某个地方。可是，那种吸收知识的喜悦还没来得及表达，数学老师就撇撇嘴，淡然地说："以后别再问这么简单的问题，我哪有那么多闲工夫？"一瞬间，白云的心情就像是从天堂掉到了地狱，脑子里一片空白，半晌说不出话来。从那以后，白云不再作任何努力，让数学成绩顺其自然的"差差差"。她也不知道这样做究竟是对还是错。

　　白云和老师之间交流不畅，才会出现沟通"卡壳"的情况。像白云这样有如此思想也是比较普遍的，随着年龄的增长和独立性的增强，少年不再像儿童时期那样对老师唯命是从，开始逆反教师的管教。师生之间的摩擦增多，关系紧张。教师在学生心目中的权威性下降，有些学生对教师产生失望和惆怅心理，更多地去批评老师的缺点、毛病，看不到老师身上的优点，师生关系由此出现不和谐。

　　老师在个人的成长中充当着一个非常重要的角色，有时甚至对个人的发展起着决定性的作用。那么，作为学生该怎样克服不利于与老师交流的心理呢？一般来说，应从以下几点着手：

　　1. 培养尊师的真挚感情。尊师爱师，这是做人的一种美德。尊师就应该在思想上认识到老师的可敬之处。教师之所以令人尊敬，是因为他们承担着培养人、教育人的重任。我们应尊重老师的劳动，按时上课、不迟到，聚精会神地听讲，课外认真复习，按时完成作业。可以说，尊重是相互的，只有尊重老师，老师才能更好地为学生讲课。

2.客观、全面地认识老师。老师也是普普通通的人，也有七情六欲，也有缺点和优点。比如老师上课枯燥，这也许是他的一个缺点，但笔者想，他也会有优点的，比如丰富的学识等。

3.真正理解并信任老师。师生之间最重要的是相互理解、相互信任。只有这样，师生之间的距离才能缩短，关系才会融洽，感情才能沟通。应积极地与老师交往，向老师敞开自己的内心世界，这样才能使自己更快、更好地成长。相信只要你能与老师进行沟通，再糟糕的情况都能改善过来。

在整个学习过程中，对老师敞开心扉很重要，只有这样，老师才能了解你，知道你的心里在想什么，才能较好地与你沟通。

师生的心理关系建立在彼此心理需要的基础上，它可能更多的是一种期望效应，教师对学生、学生对教师都有着内心的要求，另一方如何来满足这种要求，关系着心理关系能否走向融洽。

现代的我们将"良师益友"并称，可见导师也会成为我们的朋友，而且与一般的同龄朋友相比，导师由于阅历比我们丰富，能指点和帮助我们的更多。可以说，他们是我们生命中的灯塔，我们有什么疑问和困惑可以直接跟导师说，把导师拉近自己的心里，让他为我们指引方向。

老师能够给你有利的指引

古希腊诗人荷马在史诗《奥德赛》中讲述了奥德赛在特洛伊战争后回家途中 10 年流浪的种种经历。奥德赛临终前，把爱子泰莱马科斯托付给忠实的朋友门特抚养。直至今天，"门特"一词一直用作形容受欢迎的老师、具洞察力的朋友、经验丰富的教育家、成熟老练的向导。在我们的一生中，会有不同的老师在我们最需要的时刻出现，给我们以帮助。

罗曼·罗兰22岁时，总觉得自己有从事文学艺术创作的素质，倾向于选择文学作为自己的事业，可是照世俗的理解，文学事业又有什么用处呢？于是他决定给文学大师托尔斯泰写封信，寻求指导。

在写这封信时，他是抱着试一试的想法，做好了收不到回信的准备，没想到几个星期以后，他竟然收到了托尔斯泰长达 38 页的亲笔回信。在信中，托尔斯泰跟这位素未谋面的异国青年谈了选择个人道路的原则。他热情地鼓舞罗兰，指出："搞文学艺术，非要明确为人类不可！不要说谎，不要害怕真理。"罗兰感到这封信像一扇开向无穷宇宙的门，给了他一种生活的启示。

这封信使罗曼·罗兰下定决心从事文学事业，终于成为世界著名作家，并荣获诺贝尔文学奖。

托尔斯泰是罗曼·罗兰成功之路上的第一位老师，可以想象，如果没有这位导师的鼓励和指引，可能就不会有罗兰日后的成就，不会有闻名世界的伟大作品《约翰·克利斯朵夫》。导师不只为人指引人生的大方向，在我们刚刚步入某一阶段，处于迷惘期的时候，他们也会为我们指点迷津。

张勤是一名刚刚参加工作的船员，从学校毕业以后，他正式踏入了复杂的社会。开始的时候他对新的工作和生活感到十分迷茫，有许多事情需要处理却又不知该从哪里下手。

这时，一位名叫王贵的前辈来到了他的面前，这位前辈经验老到，综合素质高且乐于助人。这时的张勤犹如沙漠中饥渴的旅行者找到了绿洲，经常与前辈交流，使他学到很多东西。前辈给他分析讲解当代形势，如何才能在这经济飞速发展、人才云集的社会中找到自己的用武之地；如何为人处世，使船员在团结、和谐的氛围中感觉不到船上生活的枯燥、乏味；如何提高自身的综合素质，适应各种工作环境、各种船舶以及无论什么时候都要保持良好的生活习惯，保持端正的工作作风，用知识来丰富自己，等等。

适应期很快就过去了，在这大半年的时间里，张勤很快找到了适合自己的工作方法，取得了非常大的进步，而且在这个过程中，他没有感到丝毫的厌倦和压抑，对生活充满积极、乐观、向上的信心。

这位前辈在张勤困惑的时候为他指点迷津，帮助他找到了前进的方向，可以称得上是他的导师和益友。对于学生来说，打开你的心门，积极地去与老师接触、交流，你就能正确地处理好师生之间的关系，使自己在和谐的氛围中不断地学习和进步。

第 4 章

成长路上的友谊乐章

即使是最神圣的友谊里也可能潜藏着秘密，但是你不可以因为你不能猜测出朋友的秘密而误解他——这就是贝多芬对友谊的见解。所谓朋友，并不是如胶似漆、无话不谈，作为朋友的双方都有自己的性格和特点，不必非要整齐划一。朋友可以为你的人生增色，可以抚平你心灵的创伤，朋友是人生最大的财富。

第一节　益友可以为自己增色

"三人行必有我师"，我们的朋友中有道德学识比我们高明的，这些"师友"对于我们的帮助是非常巨大的。

真诚的朋友

贝多芬意识到自身内在生长力的重要性，一次他在李希诺夫斯基的屋里，对一个年老的陌生者说，自己希望有一个永久性的出版商，给他规定的收入，"那么我就可以随心所欲地作曲了"。在那个时代，歌德和亨代尔都曾经有过这样的待遇。

那个年老者坚定而愉悦地握住了贝多芬手说："我亲爱的年轻人，你不能为之诉苦，你既非歌德，又非亨代尔，也不要妄想成为二者之一，因为如此伟大的人物是不会再产生的了。"

贝多芬听了后变得严肃、高傲而沉默，过后，李希诺夫斯基常会安慰他，解释给他听："往往有些人只知目前，而未能触及远大的将来。"

贝多芬说："他们不相信我，不信任我就因为我没有成名，现在也没有什么话可说。"

贝多芬说得这样自负，这就是他单纯的真诚，他深信伟大的音乐已离他不远了，有了这种机智的感觉，他终于崛起了，这与老人的预言恰恰相反。这种力量的感觉一日又一日地成为真实，声调已能够控制、排列和配合起来，事实的确证明了他可以在音乐领域里随心所欲地施展；他在曲调的宇宙里自由地飞翔，不尽的感觉如潮喷涌而来……

朋友李希诺夫斯基的话对贝多芬造成了很大的影响，贝多芬对音乐中心思想越来越明晰，也更坚定了自己的信念，没有疑惑的阴影，没有痛苦包含在内，他是一个做梦者，但是却能将梦变为事实。

另类的个性，别样的友谊

虽然贝多芬具备了一切作为艺术家的条件，但当遇到了日常生活中的细小事件时，他却常常会感到手足无措，应付不来。他不能像我们一样应付现实，他觉得人的世界要比音符的世界混乱得多，因为他没有一般人在各种小事中学得的那种了解和耐心，所以他常常变得好像有些恶狠狠的样子。

18 世纪末叶的欧洲形成一种音乐热，尤其是上流社会的客厅里，音乐表演成了高尚时髦的雅事。

当时维也纳技艺高超的演奏家能得到很高的收入，贝多芬自从展示才华以后，许多贵族都乐于帮助他，给他钱用。一个爱好音乐的王子还把他接到宫廷去住，奉为上宾。他不再为穷困发愁了，此时父亲约翰已死，两个弟弟也长大参加工作了。

当时上流社会有着许多区分尊卑贵贱的规矩，比如宴会的座席就是分等级的。它是以盐碟为界，盐碟的上方坐的是王公贵族，盐碟的下方是低层次的普通人。

音乐家按惯例只有坐在盐碟下方的资格。贝多芬偏偏不管这一套，他每次都理直气壮地坐盐碟上方的高位，毫无愧色，心安理得。贵族王公们也奈何他不得，只在背后议论他粗野，不懂礼仪。也有开明一些的贵族认为贝多芬是天才，既然要邀请大才，就应该待为上宾。不管他们怎么说，贝多芬就是不肯屈居下坐。一天，一个贵族请贝多芬去他的沙龙，安排贝多芬坐在下席，贝多芬二话没说，当着众多宾客的面拂袖而去，弄得这家主人十分尴尬，无法下台。他以他的才华和傲骨，为音乐家在社会上争得了一席之地。

他看不起贵族的地位与金钱，更不能容忍他们不尊重他的艺术。他在一次沙龙的演奏中，发现两个衣着华丽的贵族子弟不停地讲话，眉飞色舞，嘻嘻哈哈。他用眼睛盯着他们，示意安静下来。可他们全然不顾仍在谈笑，贝多芬火了，他"砰"的一声关上琴盖，愤怒地吼了起来："我的琴不能弹给猪听！"他说完扬长而去。贝多芬，狂傲的贝多芬！他不肯迎合巴结那些贵族王公，他堂堂正正地演奏着自己的音乐。

他既没有潇洒的外表，也没有令人羡慕的金钱，有的是任性执拗和难以合作的怪脾气，然而高贵的上流社会却热情地接待他、欢迎他，让他大大方方地出入华丽的沙龙，甚至还得容忍他的脾气。原因很简单，是贝多芬的音乐征服了他们。

贝多芬在维也纳的朋友中有个李希诺夫斯基公爵，他曾是莫扎特的学生，对音乐和音乐家有很深的了解。他与贝多芬交往密切，而且还经常帮助贝多芬。在贝多芬来维也纳的第三年，故乡波恩被法国军队占领，选帝候仓皇出逃，原定的给贝多芬的汇款自然终止了。李希诺夫斯基立即伸出了援助的手，给以他经济上的资助。他又赞助贝多芬到皮尔森、布拉格、柏林等地演奏，每场都获得了成功。李希诺夫斯基公爵为贝多芬乐谱的出版到处联系，实际上成为贝多芬的艺术赞助人。贝多芬把自己所写的《钢琴奏鸣曲·悲怆》赠给了这位朋友。

1806年秋天，贝多芬住在李希诺夫斯基的府邸里作曲。恰好几个法国军官也来这里做客。主人对他们盛情接待，谈话中提起贝多芬也住在这里。这些军官早就听说过贝多芬的大名，表示了对他的仰慕之情。李希诺夫斯基为了进一步讨好法国人，主动提出请贝多芬来给他们演奏。法国军官听了大为高兴。

他万万没有料到，贝多芬不肯赏光。贝多芬早在青少年时期就支持法国革命，佩服拿破仑，对法国人颇有好感。自拿破仑撕破面具，登上皇帝宝座之后，他十分讨厌他们，让他为这些占领者弹奏，坚决不肯。

公爵知道他的脾气，但心中已十分不快，还是耐着性子说："咱们的交情不是一天两天了。为了朋友，你也应该答应。"

"别的事情可以，唯独这件事不能。"贝多芬寸步不让，他不愿在法国人面前低三下四。

公爵终于发怒了，嘴角抖动着，大声喊道："难道你忘记了我这些年为你付出的代价吗？"

"尽管你有恩于我，但我不能因此而出卖我的灵魂。早知你是这样的人，我根本不会接受你的恩赐。"贝多芬怒不可遏。公爵不肯在法国人面前丢了面子，最后几乎强行让贝多芬去演奏，贝多芬像一头发疯的狮子，用力地推开他，冲出门去。此时外面下着秋雨，贝多芬跌跌撞撞在雨夜里走了一个多小时，坐上拉邮件的车赶回维也纳。

有钱的人总是看不起艺术，他们以为没有他们，艺术就不能存在；普通的人因为理解力迟缓，所以看起来也好像在忽视他的艺术。

至于商人，尤其是出版商，则当然是剥削者，对别人说好话在他看来是一种虚伪的事，因此奴才们也就等于虚伪的流氓，他并不希望从那些奴才们那里得到些什么，所以他们也尽可能地给他最坏的待遇和不幸。

于是贝多芬在自己的四周筑起了一道猜疑的墙，但那些只知道环绕在"名人"四周的无知人们常常侵入到贝多芬的独立生活中来，他没有别的办法，就只好以非常凶暴的行为来阻止他们的侵入，他没有一般"名人"的小礼貌米作为防御物，至于如何取悦他人，如何以缓和语调来应付人，则是他从来不知道的。

但贝多芬有朋友温暖的热情，从那里他得到了安慰，暂时松弛了他的行动，他们变成了他音乐境界的出路。

贝多芬的性情，往往用仇恨代替了平静的态度，如潮涌的愤怒冲破了他情感上控制的能力，皱眉的容貌表示了内心的痛苦，同时也可以说是对侵犯者的一种挑战。紧握的手掌和下垂的嘴唇是不会露出一丝笑容的，但他一定会突然地狂笑，一种纵情的笑，也只有音乐才能使贝多芬真实地笑出来。

盲目的发怒，发痴般的狂欢，精神的沮丧等，这都是他常遇到的。他的朋友从他奇怪甚至丑陋的外表上都很明白他灵敏的感触和丰富的情感。他们看到他坦白的举止，对于艺术贡献的纯洁和至诚，容量之宏大。谁明白了他这几点，都会非常爱他。当他们最忠实的朋友之一受到了他的诅咒时，他们知道他在此事之后对自己的行为一定是懊悔的。

一次，贝多芬在写给威多拉的信中说：

"最亲爱的！最可爱的！你在我面前所照耀的光线是多么的可厌啊！我承认我没有好好儿地保持我们的友谊，你是如此的高贵，如此的合乎理想，当我第一次与你相衡量的时候，我觉得跟你差得远了！

啊，我几乎使我最亲爱的朋友感到不快足足有一星期之久！你可想象出我的心里失去了一部分的善意了，但我得感谢上苍！幸而我不是故意地对你做了如此不应该的事，那是我不可缺少的思想力，使我不能看清楚一件事真实的一面。喔！我在你面前感到多么的惭愧啊，不但是在你的一方面，同时也是在我的一方面，在此我仅恳求你重新恢复我们的友谊。

噢，威多拉，我最可靠的朋友，你差不多了解我从幼年时代直至现在的一切。让我为自己说几句话，我时常是善良的，而且常想使我的行为正直而忠诚，否则，你怎会爱我呢？在这一个短促的时期内，我会不会变得很可怕？不可能，这种善良的感觉和真理之爱好，在这一瞬之间不能永远地自我逝去，不，决不，威多拉，我最亲爱的，请你再冒一次险，张开了手臂而接受我，信任你所发现具有善良素质的"他"吧！

我可以保证神圣而纯洁的友谊之塔，用你亲手所建立起来的将永久地保持下去，决不会有意外，暴风雨不会松动了它的基石，我们的友谊坚固永久。一个枯萎消沉而死去的友情又重新升了起来。噢，威多拉，请你不要拒绝这个修好的请求，噢，上帝啊！我又回到你的怀抱来了，请你接受你失去的朋友，你的宽大我将永远不会忘怀。"

卡尔·阿孟多1798年到达了维也纳，他是一个26岁刚毕业的神学生，虽然他是忠于上帝的，却是一个极佳的小提琴手，深深地爱好音乐，他热诚地希望贝多芬能够知道和了解他，并且计划如何将自己介绍给他，而他一方面是怕羞的，另一方面又抱着敷衍的态度，只有音乐使他们聚在一起。

阿孟多有一次在一个朋友举行的四重奏音乐会中充任第一小提琴手，当有一个人走过来替他翻乐谱的时候，他感到恐慌，因为他就是贝多芬啊！第二天他们的主人就问卡尔："你到底奏了什么？你已博得贝多芬的心了！他说你和你的陪奏者使他感到了高兴。"

阿孟多听了之后非常快乐，匆匆地赶到了贝多芬那边，立刻要求贝多芬跟他一同演奏，过了几小时，阿孟多就离去了，但贝多芬一直把他送到了家。在阿孟多的家里，音乐又再度地奏了起来，直至最后，贝多芬不好意思再待了就准备回家。他对阿孟多说："你想跟我来吗？"

阿孟多答应了，就这样阿孟多又一直把贝多芬送到了家，并且在贝多芬家里一直待到了傍晚，贝多芬才把他再送回家。

就这样，两个人互相的访问经常地保持了下去。因为他们两个人如此经常地聚在一起，甚至街上的行人都认识他们两个人了。如果某一天只看见了他们中的一个人在街上走，那么一定会问另一个人在什么地方。

他们互相信任，彼此倾吐着肺腑之言，音乐这条纽带将他们系在了一起。从贝多芬这方面来讲，很少人能赢得如此伟大的爱慕。然而，一年之后，阿盂多离开了维也纳，回到了他的故乡巴尔海岸的考尔兰特。

　　曾经是海顿学生的魏什尔·克伦福尔兹在小提琴方面给贝多芬帮了许多忙。贝多芬显然想在这种乐器上多知道一些，但他从来没好好儿地吸收过它。

　　有一次，阿盂多想说服贝多芬来拉小提琴，结果使他们两人不禁大笑起来。音乐家法拉特罗斯基、约翰魏什尔·斯德茨和卡尔·史高尔都分别教贝多芬簧萧、号角和笛的结构以及乐谱的书写法。

　　传闻贝多芬在波恩并没有机会学得这些乐器的原理，而且贝多芬所做的是使自己在波恩学到的内容更充实、更完美些。

　　贝多芬真诚地向朋友们学习，当特拉格乃帝在他面前奏了一两个提琴曲，他听完了之后，狂喜得将演奏者和乐器都拥抱在一起，从此以后，他对低音提琴曲也写得更生动活泼了。

　　友谊是抽象的、含蓄的，而朋友却是具体的、真实的。因为朋友，我们感受到了成长的快乐；因为朋友，我们才有了青春的疯狂；因为朋友，我们才有了心的开放。

第二节　朋友之间最怕计较

　　即使是最神圣的友谊里也可能潜藏着秘密，但是你不可以因为你不能猜测出朋友的秘密而误解他。

——贝多芬

保持一颗平常心

"春有百花秋有月，夏有凉风冬有雪。若无闲事挂心头，便是人间好时节。"无门慧开禅师这首诗让人想到，只要心中不计较、不分别，以知足心和平常心过活，就"日日是好日"。

不计较，拥有一颗平常心才是生活的本真。

一位长者讲过这么一个故事：

有一个人非常幸运地获得了一颗硕大而美丽的珍珠，然而他并不感到满足，因为那颗珍珠上面有一个小小的斑点。他想若是能够将这个小小的斑点剔除，那么它肯定会成为世界上最珍贵的宝物。

于是，他就下决心削去了珍珠的表层，可是斑点还在，他削去了一层又一层，直到最后，那个斑点没有了，而珍珠也就不复存在了。

为此，那个人心痛不已，甚至一病不起。在临终前，他无比懊悔地对家人说："若当时我不去计较那一个斑点，现在我的手里还会握着一颗美丽的珍珠啊。"

贝多芬曾说过："即使是最神圣的友谊里也可能潜藏着秘密，但是你不可以因为你不能猜测出朋友的秘密而误解他。"我们平时斤斤计较于事情的对错，道理的多寡，感情的厚薄，在智者的眼里，这种认真都是很可笑的。有一句歌词叫作"计较太多人易老"。对于事情如此，对待同事、朋友也一样，凡事不要太计较，否则容易伤了彼此的感情。

不要和朋友过分计较

　　王红总是一副邋遢的样子，但她常说："天才，尤其是创造性的天才都是不拘小节的。"因此王红认为，大大咧咧的性格非但不是缺点，而恰恰说明她将来会是一个干大事成大器的人。然而，进了大学以后，王红的室友可不这样认为。

　　到了大学之后，王红被分配和凯英住到一起。但她们是完全不同的两个人。凯英做事有条不紊，她的每样东西在她心中都有一个标签，用过之后总是会回放到某个固定的地方。而王红的抽屉里面经常是乱七八糟、杂乱无章的。王红和凯英可以说是格格不入。而且似乎在以后的日子中，凯英越来越整洁，王红越来越邋遢。她抱怨王红的脏衣服老是不洗，王红讨厌她把宿舍弄得到处都是消毒水的气味。她会把王红的脏衣服推得离她远远的，王红则会在她收拾整齐的桌子上胡乱摆上几本书。

　　有一天，她们俩终于爆发了一场大战。那是十月的一天晚上，王红已经躺在床上睡觉了，凯英回到宿舍发现王红的一只运动鞋竟然在她的床下面，可能是因为刚刚运动过的原因，运动鞋气味很重。但是王红由于太累，根本就不知道自己把鞋子放在哪了。凯英勃然大怒，捡起王红的鞋子朝她的床扔了过来。结果鞋子将王红的台灯砸倒，掉到地上。灯泡碎了，碎玻璃溅到王红脱下来的衣服里——王红脱下来的衣服随手扔在地上。王红跳下床，冲她大喊大叫，对她无礼的行为表示强烈不满。她也不甘示弱，同样冲着王红大喊大叫，两个人相互之间什么绝情的话都说了。

　　之后两个人进入了冷战当中，不过幸好一个电话打破了僵局。当她们各自躺在床上互不理睬的时候，电话铃响了，凯英接的电话。王红听得出这不是一个好消息。王红知道凯英有男友，从凯英的话中王红听出男友要与她分手了。

看到凯英伤心沉默的样子，王红突然觉得同情，而且由于刚刚与她吵了架，王红总觉得心里有些愧疚，也对凯英产生了同情。毕竟，对于任何女孩子，失恋都是一件难以接受的事情。

王红坐直身子，关注地看着凯英。只见她放下电话，钻进了被窝，用被子蒙住头。随着一声低沉的呜咽，那被子就抖动起来。压抑的哭声从蒙得严严实实的被子里传出来，把整个屋子灌得满满的，也触动了王红心中柔软的地方。王红不能无动于衷了。可是王红该怎么办呢？王红不想走到她身边去安慰她，一来怕她不接受，二来王红也有小脾气——王红心中对她的气还没有消呢。

王红起身下床，悄悄地收拾起宿舍来。她把散乱在桌上的书插进了书架，将自己丢在地上的衣服抖了抖挂进了衣橱，还洗了几双已经放了若干天的臭袜子。接着她拿起了扫帚，认认真真地扫起地来。

王红打扫完宿舍，走到凯英的床边，拉住了她的手。她的手是温暖的，而过去王红一直认为像她这样过于理性的人都是冷血动物。王红看着她的眼睛，这时凯英对王红笑了，说："谢谢。"凯英和王红后来一直都是室友，而且相处得很好，成了无话不谈的好朋友。

可见，与朋友相处不要计较得太多，要尊重彼此的生活习惯和性格。正所谓"人无完人"，每个人都存在这样或那样的小缺点，我们应该互相包容体谅，这样才能获得永恒的友谊。

朋友，是黑暗中的一盏明灯，为你引导寻找光明和希望的路；朋友，是沙漠中的一片绿洲，为你带来生的勇气和动力；朋友，是你遇到困难时一番柔柔的话语，为你找回从前的自信、活力和不屈的精神。但是，朋友在一起时也难免会有一些摩擦，会闹一些小别扭。只要彼此心灵相通，相互多一些体谅，少一些计较，再大的风雨都会过去。

第三节　心心相印才能成为知己

友谊的基础在于两个人的心肠和灵魂有着最大的相似。真正的友谊，只能基于相近性情的结合。

——贝多芬

珍惜身边的每一份友情

贝多芬说："友谊的基础在于两个人的心肠和灵魂有着最大的相似。真正的友谊，只能基于相近性情的结合。"是的，真正的友谊只能基于相近性情的结合。贝多芬和歌德堪称两位巨人，而这两位巨人却并没有建立起同样坚固的友谊，因为他们的性情相差太远了。

贝多芬和贝蒂娜十分相熟，两个人经常一起小聚、谈论音乐等，有一天贝多芬对她说："我刚好为你创作了一首美丽的歌曲，你想不想听？"他随即唱起刚完成的歌——歌德的《你熟悉此地吗？》。他有着耳聋人特有的粗犷而激动的声音，表情丰富而活泼。

"你喜欢吗？"他问。贝蒂娜点了点头，但是没有说话。贝多芬又唱了一首《明云》歌剧里的歌。他的眼睛盯着她，注意着她面部表情的突然变化，那双眼睛在熠熠闪光。

"啊！"他说，"多数人都接触过好的东西，但他们没有碰到一个可以被称作'整体'的艺术家，他们从不哭泣。"随后，他又唱了起来，是歌德的词。

贝蒂娜被贝多芬的歌曲迷住了，贝多芬也为她那种对艺术的灵敏感受力而深感高兴，她完完全全凭直觉接受了贝多芬演唱中的灵性，假如她的反应有一点伪装，都是贝多芬不能忍受的。

后来，他们就经常聚在一起。贝蒂娜陪伴着他游玩，和他交谈一些关于艺术的话题。贝蒂娜此时正是为贝多芬所需要的，她活泼的天性影响了他。他们常谈起歌德。

贝蒂娜给歌德的信中记载：贝多芬每天到她这里来，或者她去找他。为了这些，她忘记了社交、集会、剧院，甚至忘记了圣司蒂芬教堂。贝多芬对她说："你要在这里看些什么？我将等候你直到傍晚的来临。"她们走过了薰勃伦的大道。昨天，她与他一起去了一个花儿绽放的花园里，所有的花都开了，阵阵的花香多么醉人！贝多芬在炙热的阳光下停住脚步说："歌德的诗有一股极大的力量，它侵占了我的内心，不但是它的内容，而且因为它的韵律；他的语言是崇高的，在我的作品中运用了它才会得到异常的、特有的音乐上的和谐。"

这些交谈让贝蒂娜发觉贝多芬很久以来就希望会见歌德，却不知道如何去做。她要将这两位伟大的人物聚在一起，让歌德能对贝多芬有更大的帮助。她写信给歌德，述说贝多芬是如何的赞誉他，并进一步介绍贝多芬如何解释自己内心的"音乐的成长"："我追逐着那美妙的旋律，用热情捕捉到了它。我有时看着它在飞翔，慢慢在天空中消逝。现在，我重新使我的精神振奋，又占据了它，我被催促着要赶快去征服它，最终，我终于征服了它，看！一首交响曲音乐和真诚是智慧和敏感生命的结晶。我很高兴地谈论此事，你懂我的意思吗？音乐是步入另一个世界的、无法向他人诉说的入口，它是了解人类的一种知识，但人类却不能明白它……每一种真正艺术的创造都是独立的，较艺术家本身要有力得多。"

后来，贝蒂娜将这些交给贝多芬看，他惊讶地说："我说过这些话吗？我怕是有些疯癫！"但是，他并没有阻止贝蒂娜将这封信寄给歌德。

贝蒂娜觉得贝多芬并没有什么特殊的身份，她没有去追求他。然而，贝多芬的音乐是如此美妙，但是却没有人称赞过他。她是贝多芬再次深恋的女人，一个温柔的女性。

贝蒂娜虽然热情和严肃，但依旧摆脱不了孩子气，好像与她的年龄十分不相称。歌德称其为"孩子"，而她却骄傲地接受了。她依旧是一个"可爱的人"，虽然她同一个年龄相当的青年人阿恰姆·冯·阿宁订了婚，但她的未婚夫却只能耐心地等待，因为她还有更崇高的使命要去完成。她要让最伟大的作曲家和大诗人相聚，贝多芬给歌德写了一个极为有礼貌的短简，谈到了贝蒂娜，歌德回答得也同样小心翼翼。

贝多芬想送给歌德自己的《爱格蒙特》序曲的乐谱，但是，出版拖了期，直到 1812 年 1 月才收到。这时，贝蒂娜已和歌德断绝了交往，但她从来没有停止过为贝多芬和歌德安排会见，甚至连贝多芬也不想听她说起此事了。她又极力地与柴尔特进行争论，因为他谴责贝多芬的作品《橄榄山上基督》，说它是邪恶的，败坏了艺术。

当贝多芬无能为力时，她就在歌德的面前讽刺他既不帮助贝多芬，也不帮助自己。

但是这两个伟人最后还是见面了。1812 年 7 月，歌德在偶然的机会中到泰伯立兹，获悉贝多芬在那里治疗疾病，歌德立刻去见贝多芬。歌德第一次看到贝多芬时，就立刻感觉到他是一个具有异常特性的人。歌德随即给妻子写信："我从未看到过一个艺术家的力量是如此的强大，具有这样强大的内在力量。"

这是一个十分重要的时刻，如同贝多芬和莫扎特的会面，这两位当代的巨人在这一刻聚在了一起。

他们两人最初的相见似乎十分愉快，因为他们第二天就一同步行去了比令。第二天傍晚，贝多芬又请歌德去谈话，星期三又谈了一次，然而，他们却没有建立起友谊。他们相互交换意见，但因贝多芬的耳聋遇到了难题。贝多芬对于歌德的了解增加了一层，对他的尊重也增加了许多。

从歌德文雅慎重的谈吐中，贝多芬感觉到了自己的冲动和失礼，因此面对歌德时变得十分拘谨。当贝多芬和他在一起玩乐时，歌德表现出一种虚伪的态度。贝多芬很痛苦地谴责他说："你自己应当知道，赢得别人的喝彩是多么高兴的一件事啊！你为什么要如此呢？"此类的事情不断地发生，两个人的关系一度变得很紧张。歌德只对贝多芬钢琴"弹奏得很出色"这一点表示钦佩。

贝多芬在很小的时候就很欣赏歌德，并希望有一天可以见到他。但是现在却让贝多芬感到了失望。泰伯立兹当地有许多显贵的人，歌德也时常到他们家里去：歌德对这些人的崇拜远远超过了贝多芬。贝多芬的心中尽是反叛，但是歌德却没有这种反叛的心理。

某一天，他们在一条街上偶遇。远处，正走来一大群皇室成员，皇帝也是其中之一。贝多芬说："让我们手挽着手前进，他们会让路的，而不是我们让他们！"

歌德没有听从贝多芬的意见，而是很谦恭地握着手中的帽子，深深地鞠着躬，站在道路的一边；而贝多芬却头上戴着帽子，向人群中径直走去，使得那群公爵和夫人们只好让开一条路来，让他过去。自然，所有的人仍然是很有礼貌地同他打招呼。

后来，歌德在写给柴尔特的信中谈及和贝多芬的交往："我已认识了贝多芬，他的天才使我惊异，但不幸的是，他缺少自制力，他认为世界是可恶的。无疑，他是对的，但他所做的却并不能使世界对他、对别人感到快乐。我们应当原谅他，因为他已经没有听力了。这困难给他在音乐上造成的损失远超过在生活上的损失。"

如此看来，歌德并没有把贝多芬当成挚友对待，但是他对一个有才华之人产生了惺惺相惜的感觉。两个人之所以步入殊途，是因为两个人

的性格。可见，只有心心相印、性情相合的人，才能成为知己。

用心贮存友谊

生活中并不是所有的人都能成为朋友。每个人都有自己的人生态度、处世方式、情趣爱好和性格特点，选择朋友也有各自的标准和条件。交朋友最重要的原则就是心灵的沟通。人生活在世界上，离不开友情，离不开互助，离不开关心，离不开支持。在朋友遇到困难、受到挫折时，如果伸出援助之手，帮助对方渡过难关，战胜困难，这要比赠送名贵礼品有用得多，也牢靠得多。既为朋友，就意味着相互承担着为对方排忧解难和欢乐与共的义务。唯此，友谊才能持久常存。

作为青少年，要珍惜身边的每一份友情，无论它是不是已经过去，无论它会不会有将来。友情也许不会天长地久，也许会被时间冲淡，但却从来都不应该被遗忘。因为它是最纯洁的，步入社会之后可能友情之中就会掺杂着利益等关系，因此我们要珍惜学生时代大家之间的友谊。

第四节　朋友是人生最大的财富

友谊的基础在于两个人的心肠和灵魂有着最大的相似。真正的友谊，只能基于相近性情的结合。

一辈子的朋友

秋风吹起，身旁不远处的多瑙河涌动了起来。它承载了太多的失望和痛苦，似乎要漫上岸来，将这个永远的孤独者吞噬进去。

好在，他身边有了一位忠实而又细心的学生黑特莱。

一天早晨，贝多芬经过连续几天的紧张工作之后，感到十分疲惫，于是便一个人走了出来。贝多芬就在清新的空气里散着步，惬意而自在，享受着温暖的阳光，倾听小路边树林里鸟儿婉转地鸣唱。

这也许是幻觉，他忽然觉得自己的听力有所好转，这种感觉还是第一次出现。他高兴地迈着大步，一面哼着一段动人的旋律，一面还不时地同路上遇到的行人们礼貌地打着招呼。

刚刚进家门，仆人就告诉他家里来客人了。

"是两位客人，一男一女，仿佛是夫妻俩。"仆人猜测着说。

"他们从哪里来？是巴黎吧。"贝多芬问。

"不，他们是从波恩来的，说是您的老朋友。"

贝多芬进屋一看，不禁大吃一惊，继而兴奋不已。原来客人是他的好友爱兰诺拉夫妇。

"我们这次去希腊旅游，路过这里，顺便来看看你。"爱兰诺拉微笑着说。

他们坐下后，一起回忆那段美好的时光。看着眼前他曾经深爱过的爱兰诺拉，她现在是如此幸福，贝多芬不禁百感交集。

20多年来，爱兰诺拉一直和贝多芬保持着少女时代那种纯洁、珍贵的友谊，这使他极为感动。

而爱兰诺拉看着眼前的贝多芬，他们无论如何也没有想到，已经是声名显赫的贝多芬，却至今仍然孑然一身，过着孤独的生活。

爱兰诺拉关心地问："贝多芬，你的身体还好吧？"

贝多芬瘦长的手指似乎在微微地颤抖，他沉默了许久许久，对客人痛苦地摇摇头说："耳聋就像一个残忍的幽灵一样，随时缠着我，折磨着我。谢天谢地，现在总算好一点了。"

"亲爱的贝多芬，"爱兰诺拉亲切地对他说，"你应该好好儿休养一段时间，最好是到阳光充足的海滨去。"

"谢谢你，夫人。"贝多芬说完这句话后，突然兴奋地站起来，在屋子里踱来踱去，大声地向夫妇两人喊道，"即使这样，我也要把我心灵深处的东西谱出来，我要让世界上所有的人倾听到我的声音。"

"那么说，你最近一直在忙于创作，又有新作品了吧？"

"那当然了。"贝多芬不无自豪地回答道。说着，他兴冲冲地将一叠厚厚的稿纸递给了爱兰诺拉的丈夫。

"这是我昨天夜里刚刚谱完的一支曲子，如果可以的话，我会把它拿出来公演。当我开始谱这支曲子时，我接连遭到了许多不幸，你看这开头的几个音符，多像厄运在敲我门的声音。是的，当时命运是在捉弄我，可是我不能被它打倒，我要奋斗，扼住命运的咽喉。"

爱兰诺拉夫妇望着这位视音乐如生命的人，深深地意识到，贝多芬不仅是命运悲剧的演员、承受者，同时也是理想的追求者。

尽管眼前的贝多芬十分亢奋，语气中不乏诙谐、幽默，但是细心的爱兰诺拉还是看见了，沧桑的岁月已在贝多芬的额头上和面子上刻下了深深的痕迹，他的头顶和两鬓也已出现了明显的白发。

青春如小鸟真的再也飞不回来了，这就是人生的无奈！

"时间过得真快呀！对了，爱兰诺拉，拜赖宁夫人还好吗？"

听到贝多芬问到了自己的母亲，爱兰诺拉立刻失去了笑容，低下头去，过了一会儿，她悲哀地说："妈妈已经去世了。"

"什么时候？"

"一年以前，她得了重感冒，没想到一病不起。"

贝多芬听到爱兰诺拉的话惊呆了，随后伏到琴上失声痛哭起来。

爱兰诺拉看到贝多芬十分悲伤，安慰他说："妈妈生前一直很快乐，在她去世的前一段时间，她还在念叨你。"

贝多芬回想起，当自己失去母亲的那些年月里，拜赖宁夫人就像亲生母亲一样，安慰他、鼓励他，帮他振作起来，让他去直面惨淡的人生。现在，他再也看不到她那和蔼可亲的笑容，再也听不到她那温柔的话语，这怎能不让贝多芬哀伤、难过呢？

过了一会儿，贝多芬抬起头来，抹去脸上的泪痕，用尽全身的力量弹奏起拜赖宁夫人生前最喜欢的海顿的作品。爱兰诺拉夫妇随着音乐也陷入了对拜赖宁夫人深切的怀念之中。

爱兰诺拉夫妇的到来使得贝多芬一向冷清的屋子里热闹了起来。"还记得吗？贝多芬，你13岁时来到我家里的情形？"爱兰诺拉突然问贝多芬。

贝多芬对着爱兰诺拉笑着说："那天，你把我当成了一个小叫花子，逃到自己的房间里不肯出来。"

"当时，我对你不熟悉，当然要躲了。"爱兰诺拉分辩道。

"你当时的样子，我记得非常清楚，你从房门后探出头来，偷偷地看着我，后来，又伸伸舌头，缩了回去。"

"那时，我可没想到你会成为这么出色的音乐家。"爱兰诺拉有些难为情地说。

"只可惜，时光不能倒流，昔日不能重现。"贝多芬有些伤感地说。

聊了一阵子之后，贝多芬请夫妇俩吃饭。这位身心疲惫的音乐家在与爱兰诺拉夫妇相处的过程中，又一次感到了家的温馨。

在以后的岁月里，贝多芬一直带着这相聚的快乐跋涉在艰难的人生之路上，这欢乐是他前进的动力。

友情是最重要的

美尔策尔以发明和制造机械乐器著称于世。1813年秋，贝多芬为美尔策尔发明的万能琴（即机械乐队）作了一部战争交响曲，题为《威灵

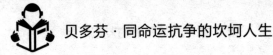

顿的胜利》，描写同年6月英将威灵顿在西班牙北部城市维多利亚大败拿破仑的场景。美尔策尔曾经在温克尔发明的基础上创制了今天通用的节拍器。贝多芬首先采用，并按照它每分钟所打的拍数来标明自己作品的速度。贝多芬的助听器也是美尔策尔为他制作的。

有一次，贝多芬在送美尔策尔出行时写了首富于风趣的卡农，来歌颂拍节机的创制者。这首象征贝多芬和美尔策尔之间友谊的卡农后来被贝多芬选进了他的《第八交响曲》，成为第二乐章的主题。这就是来自朋友，来自友谊的灵感，为贝多芬的音乐谱写了欢乐的一章。

薄伽丘说过："友情真是一样最神圣的东西，不光是值得特别推崇，而是值得永远赞扬。它是慷慨和荣誉的最贤惠的母亲，是感激和仁慈的姊妹，是憎恨和贪婪的敌人；它时时刻刻都准备舍己为人，而且完全出于自愿，不用他人恳求。"对于幸福而言，友情比金钱更加重要，可以说，朋友是人生中最大的财富。

第五节　不要随意指责朋友的性格

每个人的性格都是不同的，本身性格并无优劣之分，我们要本着赞赏和包容的心态去接纳朋友的性格，不要随意指责。

不要随便对朋友进行指责

贝多芬的性格可以说有些古怪，他不愿做一个客厅里的宠儿，宁愿在自己的住所里随意进进出出、起床、穿衣和吃东西。他喜欢按照自己的兴趣为房间里的琐事瞎忙。有一次，为了空气流通和看清窗外的景物，他竟特意把窗户砍掉一块。他总是同房东们发生纠葛，总是不断地搬家。

每当他处于创作高潮时，他总是把一盆又一盆的水沾在手上冷却弹琴弹得发热的手，直到水渗透到楼下的房间——我们可以想象那房东和其他房客的情绪会怎样。正是因为如此我行我素的性格，使得贝多芬没有太多的朋友，如同大家知道的，就连歌德都与他"道不同不相为谋"。

在与人交往时，无论是为了自己也好，为了他人的感受也罢，我们都不应该随意指责朋友或他人的性格，适当地鼓励才是维系友谊和良好关系的关键。"鼓励能使白痴变天才，挖苦能使天才变白痴。"当你学会鼓励时，心中将是一片绿洲。在生活中，对于家人、朋友、同事，要多几分表扬，少几分批评；多几分赞美，少几分指责；多几分鼓励，少几分挖苦，这样就会营造融洽的社会关系，有利于家庭、社会长期健康稳定的发展。

在这个世界上，每个人的性格都是不同的，本身性格并无优劣之分，我们要本着赞赏和包容的心态去接纳朋友的性格。

在现实生活中，多数时候，一旦发现他人出现失误，我们首先想到的就是如何批评，使之改正。事实上，与批评相比，鼓励似乎更容易使人改正错误，更易让对方去做你所期望的事情。所以，当他人出现错误时，你首先应该考虑一下，是否非得批评不可，应该怎样批评。如果可能的话，尽量运用鼓励的方式，这样，一方面可以达到让对方知错改错的目的，同时也不影响你们之间的相处关系。

假如你跟你的孩子、伴侣、雇员说他做某件事显得很笨，很没有天分，那你就做错了，这等于毁了他所有求进步的心。可是如果你用相反的方法鼓励他，让他知道，你对他做这件事的能力有信心，他的才能还没有发挥，这样他就会练习到黎明，以求自我超越。

　　吉姆·金是一个非常有责任心的父亲。他希望自己的儿子约翰认真读书，将来可以成为一个有用的人。所以，从约翰上小学一年级开始，吉姆就开始对约翰提出严格的要求。他给约翰订立了几条规则：禁止他随便与街上那些孩子们一起逛街，无所事事；

不允许任何一门考试低于良；不允许看卡通节目；不允许玩电子游戏，等等。约翰只要偶尔违背这些规则，就会遭到严厉的斥责。

可是，到了三年级的时候，约翰的成绩却已经连"及格"都难以维持了。他似乎故意与父亲作对，偷偷地跑出去找孩子们玩耍。而且，他专门找那些被家长们视作无可救药的"坏"孩子，因为他感觉到自己与他们一样，在父母的眼里是那种只会犯错误的孩子。

吉姆非常困惑，在与邻居们谈话时不断地诉说自己的苦恼，可是，在他生活的那个小镇上，没有一个人可以给他指出错误。吉姆依旧采用自己认为正确的方法对约翰实施更加严厉的管教。结果，约翰在一次斗殴事件发生后，被带进了青少年管教所。

可怜的吉姆怎么也弄不明白，为什么自己花费了那么多的心血，到头来却落得如此结局。

用鼓励来代替批评，是著名的心理学家史京勒心理学的基本内容。史京勒通过动物实验证明：由于表现好而受到奖励的动物，它们在被训练时进步最快，耐力也更持久；由于表现不好而受到处罚的动物，它们的速度或持久力都比较差。研究结果显示，这个原则同样适用于人。我们用批评的方式并不能改变他人，常会适得其反。

汉斯·希尔也是一位著名的心理学家，他说："太多的证据表明，人都普遍地不喜欢受人指责。"因批评而引起的愤恨常常使人的情绪低落，对应该改进的情况一点也不起作用。

要学会赞美别人

我们每个人都非常喜欢受到别人的赞美。一旦别人赞美了我们，我们就会觉得自己的人生价值得到了承认，我们因此而快乐和振奋。于是，我们也愿意付出我们所拥有的东西，我们乐意把事情做得更好。

与批评和指责相比，鼓励好像更容易使人改正错误。苛刻的批评和指责是无益的，它只会迫使被批评者采取防卫的行动，刻意地为自己的行为寻找合理的解释。

不知道你是否会相信，无论犯了多么严重的失误，100 个人中间，至少有 99 个不会反躬自责，诚心认错。批评和指责就像是危险的火星塞，足可以引爆人们心中的虚荣与自尊，甚至足以置人于死地。自信是人格的核心，自卑是成长的毒药。任何教育都必须重视用有效的方法建立孩子的自信心。

2000 年 7 月 25 日的《北京青年报》报道了周婷婷（周弘的女儿）的故事：

> 周婷婷是中国第一个少年聋人大学生，16 岁就破格被辽宁师范大学教育系录取了。她从小就没有了听力，曾是个全聋全哑的小女孩。
>
> 在父亲的耐心指导下，周婷婷 6 岁时已认识了 2000 个汉字，还学会了看口型与人交流，能说出一口流利的普通话，并和正常人一样走进了校园。
>
> 8 岁时，周婷婷创造了一项吉尼斯世界纪录——背出圆周率小数点后 1000 位数字。
>
> 10 岁时，她与爸爸合写出了 12 万字的童话故事《从哑女到神童》。
>
> 1997 年，她又被评为"全国自强模范"。
>
> 1998 年，她还主演了取材于两个残疾姑娘的真实故事影片《不能没有你》。

我们难以相信一个聋哑孩子能够和平常孩子一样生活、学习，甚至做得更加优秀，而周婷婷的确做到了。这个故事就是后来风靡全国的赏识教育模式的典型代表，周婷婷的父亲周弘也成为了"家教明星"。无论怎样，赏识教育的逻辑起点是正确的，其逻辑起点正是在鼓励中帮助孩子培养自信，建立自我。

孩子只有从成功中获得愉悦，才有可能继续努力。一旦失去了对成功的渴望，就会不思进取，甘于落后。父母多多鼓励孩子，才能让孩子感受到成功的快乐，从而激发孩子努力进取的潜在力量。

《世界教育艺术大观》中有这样一个故事：

世界一流的小儿神经科医生弗雷德上小学时，是大家公认的笨学生，甚至连最简单的2加上2等于几都弄不清楚。然而，到五年级时，他遇见了影响他一生的墨非老师。

在一次课后，墨非老师叫住了他，让他重做考试试卷。当他回答完后，墨非老师兴奋地对他说："你都答对了！我相信你都能答对。"从此，墨非老师不仅经常教给他一些新的学习方法，还总是寻找合适的机会对他说："你很聪明，我的孩子，我知道你将来一定会前途无量。"从那以后，弗雷德就下定决心，不辜负老师的期望。他渐渐地发现了自己的优点，自信心得到了恢复。同时，他也有了自己的理想：成为一名著名的医生。

墨非老师的鼓励改变了弗雷德的一生，让弗雷德对未来充满信心和希望。

老师可以通过鼓励改变一个学生，其实父母也可以这样对待孩子。可是，有些父母很吝啬对孩子的赞赏，当孩子满怀信心地做出一个决定时，他们听到的却是一种十分怀疑的语气："你行吗？"这无疑给孩子的自信心很大的打击，也许孩子的天赋就这样被父母扼杀了。

周弘先生曾讲过："哪怕天下所有的人都看不起我的孩子，我也要眼含热泪去拥抱她、欣赏她，为这个生命自豪。"其实，对待孩子如此，对待朋友也同样如此。我们在评价朋友时，总免不了以个人有限的经验和自己的需求作为衡量的尺度，因此难免失之偏颇。最好的方法就是站在对方的立场和角度，设身处地地为对方着想，不要随意指责朋友的做事方法和性格。

第 5 章

用圣洁造就爱的音符

对于年轻人来说，爱是一个永恒不变又常聊常新的话题。对于青少年的早恋问题且不论对错，其实这个时候的感情是最纯真无邪的一种欣赏、关注和喜爱。贝多芬的一生都保持着纯真，他讨厌粗俗的欢娱，对爱情的神圣一直怀着一丝不苟的敬意。爱，就是如此神圣高洁。

第一节　初恋是人生的开始

初恋可以让人感受心灵的成长，它是人从懵懂到成熟的转折，或者从某种意义上来说，它是人生的另一种开始。

人世间，有一种爱，洁白如雪，不容亵渎；有一种情，朦胧而羞涩，神秘而激动，仅此一次，仅此一回，那就是初恋。

抓住人生最初的美好

每个人都只有一次初恋，或甜蜜或心酸，无论如何，初恋总是心中那片最柔软、最不可遗忘的地方。那时的我们青涩，但是投入，对于初恋，我们总是万分珍惜，或许过了很多年之后，我们还会时不时地想起初恋的那个人和那些事……

初恋，承载着我们所有的青春梦想，所有的年少痴狂，所有的情爱萌动，初恋让人欲言又止，欲说还休。

初恋是一个浪漫的字眼儿，它既可以指引人享受爱情的幸福，又可以让人感受心灵的成长，它是人从懵懂到成熟的转折，或者从某种意义上来说，它是人生的另一种开始。

贝多芬也经历过如此美丽的时刻。贝多芬在维也纳学习和演出时遇到了第一个让他动心的姑娘。

在一个春天的早晨，贝多芬和平时一样，正在埋头作曲时，一阵叩门声响起，一个声音说："勃伦斯比克伯爵来访。"

贝多芬正沉浸在他那美妙的艺术世界中，突然被人打扰，他有些生气。但出于礼貌，他还是站起来，准备去接待这位他并不欢迎的客人。

"真不好意思，贝多芬先生，打扰了。"来客还没有见贝多芬的面，就为打扰贝多芬道了个歉。

贝多芬还未见到勃伦斯比克伯爵，就被那洪亮的声音所吸引，一听就知道对方是一个性格直率爽朗之人。

勃伦斯比克伯爵走进房间里时，贝多芬连忙迎上去问好："您好，伯爵先生。"勃伦斯比克伯爵先生打量着这位闻名维也纳的艺术家，感叹道："台上演奏时激情澎湃，没想到生活中您那么温和。"

伯爵先生刚坐下来，看看那架漂亮的钢琴又接着说："今天，我特意前来，是有一事相求。"

贝多芬笑着回答说："有什么事，我会尽力帮忙，您说吧！"

"我的孩子，黛莉雅，非常崇敬您，想跟您学琴。"

对于勃伦斯比克伯爵家这个具有悠久历史的贵族，贝多芬当然不好意思拒绝了。

"嗯，那就让小姐明天来吧！我想听小姐弹琴以后，再做最后的答复。"第二下午，黛莉雅如约而至。贝多芬一看到黛莉雅就被迷住了，这位小姐不仅气派华贵，而且仪态大方，优雅可人。他见过不少漂亮的贵族小姐，没有人比黛莉雅更有魅力。

"小姐，请弹上一曲吧！"贝多芬对这位美丽高贵的小姐说。

黛莉雅的脸上绽开了一丝甜美的微笑，在琴凳上坐下来。她虽然有些紧张，但还是能全神贯注地按着钢琴的键子。

"弹得不好，很惭愧。"黛莉雅红着脸，一副难为情的样子。

"不，你弹得还可以。只是因为紧张，有时手指不够灵活，这样显得乐曲听起来不十分流畅。"说着，贝多芬就示范给黛莉雅看。

从此，黛莉雅没有一天中断过练琴。贝多芬也教得十分投入，有时竟忘了时间，从中午 12 点钟开始一直教到下午 5 点钟的时候才结束。

每当这时，黛莉雅总是十分过意不去，抱歉地对贝多芬说："老师，耽误您的时间太多了。"

时间的确耽误了许多。可是，跟黛莉雅在一起，贝多芬觉得很开心。他就是从这快乐中撷取创作的灵感。因此，这一段时期内，作曲就进展得非常顺畅。爱会怎样地滋养他的艺术，这是贝多芬在和爱兰诺拉小姐间的友谊中充分体验过的。美丽而聪明的女性不但会激励贝多芬的创作，而且还会给他慰藉。不过，他也清楚地知道，自己身材矮胖，体格结实。而且他的脖子又短，肩膀又宽，脑袋又大，从外貌上来看，他实在与这样的女性不相配。他把自己心中的这种爱意净化、升华，体现到他的作品之中。

不久后，贝多芬就作成了一篇献给了心中的爱的乐曲。黛莉雅弹奏起这首乐曲，眼里闪烁着感谢爱意的光芒，这是纯洁之爱的倾诉。这乐曲中流淌着爱的欢悦和爱的悲痛，等到弹完以后，乐曲中那种忧伤的余韵让她回味无穷。

"这曲子，像珍贵的宝石那样晶莹！贝多芬先生，谢谢你。"黛莉雅的神情带着一丝的惆怅。

在这些美好的日子里，只要有黛莉雅陪伴在身旁，他就觉得世界充满了阳光和美好，一切都是那样的甜蜜和惬意，他的心情也变得异常平静和安详。与此同时，在贝多芬的精心指导下，黛莉雅的钢琴演奏水平也有了突飞猛进的提高。

在将近一年的时间里，贝多芬这位一向以严厉而闻名的老师，在黛莉雅面前变为温情脉脉的恋人。他与这位美丽的姑娘一起度过了许多双方都难以忘怀的美好时光。这位可爱的伯爵小姐的那双深蓝色的眼睛流露出了无限的智慧，她帮助贝多芬克服了不少日益加重的困难和忧虑。

在这一时期，贝多芬的著作可以说是硕果累累。作品第九、十、

十一、十二、十三、十四、二十和二十一号陆续问世，其中的《第八钢琴奏鸣曲》和《第一交响曲》是他早期的名作。

幸福的初恋感点燃了贝多芬创作的激情和对生活的向往。这是一个开始，是贝多芬心灵成熟的开始，也是他多部创作的开始。

珍藏最初的感情

初恋，像一首朦胧的诗，表现了少男少女那纯纯的爱，浓浓的情，虽然大多数人未终成眷属，但却因它情如白雪，从未染尘，反倒成了很多有情人心中永不消失的一道美丽的彩虹。

初恋，让我们第一次心动，第一次爱恋，第一次告白。初恋如晨曦带露的玫瑰、夜晚滑过的流星，既是那么的甜蜜浪漫，又是那么的激动人心。

初恋，有时让我们常常束手无策，它有时候像一片云，来无踪去无影；它有时候像一阵雨，来得快去得也快；它有时候还像一个调皮的孩子，让人欢喜让人忧。

初恋时，我们不懂爱情，正因为不懂，它才像手中的沙，握不住，易流失，正因为易流失，我们才觉得它非常珍贵，所以一直珍藏。在不知不觉中，初恋的感情影响着我们的情绪、性格，甚至使我们的人生悄悄地改变方向。

第二节　爱是最无邪的伤痛

爱是神圣的，也是最纯真无瑕的，就算到了最后会破灭，留给我们的也是最纯洁的伤痛。

贝多芬的纯真爱情

对于年轻人来说，爱是一个永恒不变又常聊常新的话题。对于青少年的早恋问题且不论对错，其实这个时候的感情是最纯真无邪的一种欣赏、关注和喜爱。不过，有时候爱也有它软弱的一面，一旦这种如水晶般的纯洁被打碎，就会给爱的双方带来一些伤害。

贝多芬的一生都保持着纯真，没有任何不道德的行为需要忏悔。他讨厌粗俗的欢娱，对爱情的神圣一直怀着一丝不苟的敬意。他一直在梦想，梦想爱情的幸福；他一直在靠近，靠近痴爱的情人。

1801年，贝多芬将一腔的热情捧给了一个叫朱丽埃塔·居奇亚迪的女孩。另外，大家知道的著名的《月光奏鸣曲》就是题献给她的。贝多芬在给朋友韦格勒的信中说："我现在的日子很甜蜜，与人的来往也多了一些……发生这一切变化，都是一位姑娘的美丽促成的。我爱她，她也一样爱我，这是近年来我最快活的日子。"可是，让人没想到的是，这段爱情留给他的却是一次重大的创伤。

原来朱丽埃塔并不是一位善良、温厚的女子，相反，她稚气、自私，她使得贝多芬清楚地看到了自己的残疾和困窘。1803年11月，朱丽埃塔嫁给了加伦贝格伯爵，这更让贝多芬痛心不已。他们婚礼的那天晚上，贝多芬痛不欲生地写下了一句话："啊！多么可怕的时刻，生命中不曾有过的时刻！但我却不得不接受它！"

像贝多芬那样，纯真的激情是深入骨髓的！在病魔已将他折腾得脆弱不堪的时候，因为爱情而受挫的激情足以毁灭他的整个灵魂。那是贝多芬一生中唯一的似乎要一蹶不振的时刻。

那是一场险恶的危机，我们也是从他的一封信中清楚地了解到。当时，他给两个弟弟卡尔和约翰写了一封遗书，上面注明"我

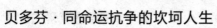

死后方可拆阅"。那一次，是一种反抗的和撕心裂肺的痛苦的呐喊。听见这种呐喊的人会不禁跟他一起走进悲痛，一个真诚的、可怜的音乐家，几乎想要放弃自己的生命。

最终，求生的意志占了上风，贝多芬坚强的秉性避免了他的毁灭，或者是他释怀了这段并不算成功的爱情，又或者他终于放不下自己的梦想，他又多活了25年，此后，他不会屈服于任何挫折。

几年间，贝多芬的生命穿越了一道鸿沟，经受了一种洗涤，又渐渐恢复了原有的缤纷。生命沸腾起来了，音符跳跃起来了，那个渴望幸福的人，根本不相信不幸是无法治愈的。

婚约被取消带来的伤痛

后来贝多芬与泰蕾兹·德·布伦威克在1806年5月订了婚。一天早上，他们在一座花园里相遇了。贝多芬告诉泰蕾兹，他正在写一部歌剧。那个主角已经生活在他心中，不论他身在何处，都能感觉到她赐予他的温暖、纯洁和光明。

他们彼此清楚，那正是一种爱情的美好，于是两人相恋并订下了婚约。

这一年贝多芬谱写了《第四交响曲》，它恰似一朵纯净的莲花，蕴藏着贝多芬一生中最平静、最芬芳的日子。人们从中很容易发现，这一时期贝多芬正在竭尽全力地改变自己，他竭力让一个天才的生活方式和一般人的生活方式保持协调一致。爱情调节着他的精神和行为，他一下子变得兴趣盎然、心情开朗、幽默风趣。

在待人处世方面，他也一下子变得彬彬有礼，即使讨厌的人也能容忍。那时，他高雅而浪漫，一切都表现得很健康，很多人都很喜爱他，甚至没有人发现他的耳聋，人们只是说他有点近视而已。但是，在他的眼睛里，甚至在《第四交响曲》的温柔和梦幻之中，细心的人仍能感受到一种可怕的力量、任性的脾气和遮遮掩掩的愠怒。

贝多芬是一只狮子，狮子在谈恋爱时，只是藏起了自己的爪子。尽管他的那种深沉和平静根本不会持续很久，可是，爱情还是让他一直亲切、温和地生活到了 1810 年。这期间，多亏了那股柔和的自制力，他孕育出了一个个美好的果实，如古典悲剧《第五交响曲》、夏季神圣之梦《田园交响曲》和《热情奏鸣曲》。

1809 年，贝多芬将《热情奏鸣曲》（作品第七十八号）题献给了泰蕾兹，并附有一封没有标注日期的信，写着"致永远的爱人"，信的内容也一点不逊色于炽热的乐章："我的天使，我的一切，我的'我'……我的心里装满了说给你的话。啊，不论我在哪里，你总和我在一起！"

然而，他们的爱情并没能结出幸福的果实，婚约奇异地取消了。

为什么？是什么阻止了两个相爱的人的幸福？也许是财产和地位的差异；也许是贝多芬厌倦了无休止的等待，厌烦了秘密地保守婚约的义务，他觉得那是一种屈辱，所以做出了反抗；也许是贝多芬的粗暴、疾病和愤世不知不觉中伤害了他的爱人，使她感到苦恼，而他也对自己感到绝望——所以，婚约毁了。

尽管如此，他们似乎谁也没有忘记这段爱情。直到生命的最后一刻，泰蕾兹仍深爱着贝多芬。1816 年，贝多芬也说："每当我想起她时，我的心仍如同初次见到她时跳得那么激烈。"

爱是神圣的，贝多芬以及我们都怀着炽热的心去崇敬和向往；爱又是脆弱的，它总是容易被现实中的风雨摧残。但是爱也是最纯真无暇的，就算到了最后会破灭，留给我们的也是最纯洁的伤痛。它不会摧毁我们的意志，相反，多数人只会记得"曾经拥有"的美丽和炙热，就像贝多芬一样。

第三节　热恋是神圣的疯狂

爱，其实是一种精神，只有当我们的精神世界交织在一起，我们才能碰撞出爱情的火花，才能让我们的灵魂为之疯狂。

热恋是一种热烈的感情表现

贝多芬的内心蕴藏着无穷的感情，细腻、超凡、和谐、十全十美。贝多芬有意将自己的意念放在曲子中。如第五号《命运》，一开始的动机就是命运之神用力敲门，第六号《田园》，更可让人察觉出贝多芬有意对大自然的描绘，第一乐章他即标明了"令人心旷神怡的乡间"的字眼儿。贝多芬在作曲的时候也许正和曲谱进行着一场疯狂的热恋。

说到热恋，最直接的意思应该是指向爱情的。很多人都向往着柏拉图式的爱情，但是，什么是柏拉图式的爱情呢？在我们的世界里，爱情是理想的，是神圣而又纯洁的，对待爱情我们一千个人有一千种看法。也许是宽容，也许是理解。其实我们的爱情里无处不存在着柏拉图式的爱情，最纯洁，却也是最复杂。

爱情是一种理想，其实很多人都有过暗恋的经历。那时候的我们会因为对方的一个小小的动作，也许是言语，开心或沉闷一整天。那时候的我们，只想就这样静静地期望着，盼着有一天上天会眷顾我们，让我们的初恋蓓蕾绽放人间，也许如果……

爱，其实是一种精神，而不是肉体的欢愉，只有当我们的精神世界交织在一起，我们才能碰撞出爱情的火花，才能播种出爱情的种子。

在爱情的世界里，我们都是平等的，我们都一样，无须谁去迁就谁，无所谓你我，同样的付出，同样的等待。

我们都尝试着去探寻一个完美的爱情，完美的爱情究竟是什么样的呢？是拥有一个完美的伴侣，还是开启一段美丽的爱情旅程。其实笔者以为爱情是一段彼此相互携手的前行，是一起走过开心快乐的日子。

爱情需要自由，当我们拥有爱情的时候，我们只有给予对方足够的空间，爱才能健康地成长。当我们给予对方足够多的信任的时候，才能给予彼此足够多的自由。

爱情是责任，是包容、理解，是孤独的守望，是身影相随的牵手。

在人生的道路上，有一份能够"执子之手，与子偕老"的爱情是令人羡慕的，也是人生中的一大幸事。年年岁岁花相似，岁岁年年人不同，能守住属于自己的一份平淡的生活，朴素的感情，就是一个幸福的人了。人生苦短，两个人的感情再华丽也终究要过去，但是真正的感情会保留在心里，是永恒不变的，这比什么华丽都重要。

李嘉诚的妻子庄月明是李嘉诚舅舅的掌上明珠，不管他的处境多么困难，月明都对他不离不弃，一如既往地支持他，他们一起战胜了一个又一个困难。

1943 年冬天，李云经病重，李嘉诚挑起全家生活的重担，李嘉诚明白没有人可以帮助他，他必须赤手空拳闯出一条路来。月明走的却是完全不同的另一条路，她以优异成绩从英华女子中学毕业后进入香港大学，之后又留学日本明治大学。

但难得的是，她从来没有嫌弃过表哥。而且，她与李嘉诚两小无猜的纯真感情还随着年龄的增长转变为热烈的爱情。她一直牵挂着在香港奋斗的表哥。李嘉诚踏上谋生路后，不管是当茶楼的堂倌，还是当钟表公司的学徒，月明对李嘉诚都是一往情深，她在精神上对李嘉诚的安慰和支持鼓舞着李嘉诚。

李嘉诚虽然事业有成，他与庄月明的爱情也本该有一段圆满的结局，但按世俗的眼光，他们并不门当户对。月明出身富贵名门，受过高等教育，才貌双全；而李嘉诚出身寒微，只读过初中，虽然事业初成，但将来还是未知数。而庄静庵和李嘉诚的母亲庄碧琴也坚决反对。

转眼到了1963年，李嘉诚已经35岁，月明也已经31岁，他们对爱情的执着和真诚最终感动了庄静庵夫妇和庄碧琴，同时李嘉诚在商业上创造的奇迹也越来越让庄静庵感到惊奇，他们终于赞同两人结婚。在一片祝福声中，李嘉诚牵着庄月明的手，幸福地踏上了红地毯。

1972年11月，"长江实业"上市，这是李嘉诚事业上的重大转折点。庄月明出任执行董事，是公司决策层的核心人物之一。李嘉诚不少惊心动魄的决策均蕴涵了庄月明的智慧和心血，但庄月明在公众面前始终保持低调，她很少露面，也不接受记者采访。因此人们在谈论李嘉诚的"超人"业绩时，很少会提到庄月明。其实如果李嘉诚的生命中没有庄月明，真不知他会变得怎样。

婚姻是人生中不可或缺的重要部分，不必华丽浪漫，也不必极尽奢华，只要双方能相濡以沫、相互支持，就能渡过任何困难。相濡以沫的感情可以润滑彼此之间的差距摩擦，可以消除彼此之间的隔阂，扫除彼此之间的顾忌，让夫妻之间打开相对封闭的内心，使两个人相容相知，就像庄子说的："泉涸，鱼相与处于陆，相呴以湿，相濡以沫。"这样生活就能幸福美满。

中华民族自古就有提倡伉俪恩爱的好传统，"举案齐眉、相敬如宾"是自古以来夫妻生活的理想状态。爱人是事业上的贤内助，美满的婚姻是人生最重要的结盟，是心灵、身体和精神的联系纽带。当一对夫妇心灵相通、奋斗目标一致、思想行为相近时，这个家就可以飞向幸福的巅峰。

热恋是每个人都会经历的天堂

李大钊幼年时父母双亡，靠祖父抚养。他 11 岁时，祖父就按当地的习惯给他娶了媳妇。比他大 8 岁的媳妇赵韧兰是个淳朴的乡下女子，她勤劳朴实，全力操持家务，处处体贴李大钊，想方设法资助李大钊读书。李大钊 18 岁时到天津投考北洋政法专门学校，当时，家里已很窘迫了，全靠赵韧兰一力操持，典当挪借，才为他筹足了盘缠。

后来，李大钊又东渡日本留学，回国后在北京大学当了教授。当时，李大钊刚 30 出头，风华正茂，赵韧兰已年近 40 岁了。可是，李大钊并未嫌弃她土、老气，对她的依恋和体贴比过去有增无减。在北京居住期间，常有很多知名人士到李大钊家拜访。每当客人光临，李大钊总要把缠着小脚、没大见识的赵韧兰请出来和客人见面，有时还要帮着妻子换衣服、扣扣子，细致地拉平她的衣襟。许多客人见到李大钊这样对待自己的"糟糠之妻"，都从心眼儿里钦佩不已。

每当李大钊回到家里，他总要帮助妻子料理家务，一点也没有名教授的架子。他曾经说："两性相爱，是生命最重要的部分，应该保持它的自由、神圣、崇高。不可强制它，侮辱它，屈抑它，使它在人间社会丧失了优美的价值。"

对于很多人来说，感情生活是非常棘手的，很多在事业上意气风发的人，面对感情却是手足无措。婚姻稳定是关乎家庭和睦的重要因素，而家庭是事业的根据地，也是我们休憩的港湾。如果家庭不和谐，即使我们事业上有再大的成功，人生也没有幸福可言。

喜欢，热恋，婚姻，这可以说是爱情的 3 个基本步调，而热恋是最

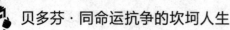

神圣的。热恋的结果会走向一段甜蜜的婚姻，美满的婚姻、和睦的家庭是人生前进的动力，是人生道路上的最大鼓励。

第四节　失恋失去的并不是爱情本身

　　失恋失去的并不是爱情本身，你仍然有爱和被爱的能力，即使是现实毁坏了你的恋爱，但是仍然有一份真挚的爱情还在远方等着你。

失恋不意味着放弃爱

　　贝多芬青年时深深地爱着一位名叫朱丽埃塔的少女。但是因为门第的关系，他无法娶到自己心爱的恋人。过了两年，朱丽埃塔出嫁了。病痛和爱情的折磨使贝多芬黯然伤神。他曾有过轻生的念头，偷偷地写下遗嘱，准备告别这个世界。

　　然而，贝多芬没有这样做，后来他在痛苦中振作起来，投入火热的生活，追求音乐事业，从音乐中找到心灵的解脱。这次失恋后，他创作出了《第一交响曲》。当贝多芬再一次投入爱情的怀抱时，他已经 36 岁了。他与情人泰蒂兹相爱，并很快订了婚。但命运之神偏偏不可怜他的一片痴情——这次婚约又被解除了，爱情又一次从他身边拂袖而去，无情的创伤再一次烙在贝多芬心底。但是他以惊人的毅力和对音乐事业的无比热爱从失恋的重压下解脱出来，用顽强的意志写出了《第七交响乐》《第八交响乐》，最后成功地创作出举世闻名的《第九交响乐》。

　　可见，贝多芬并没有因为失恋而放弃爱情，也并没有因为失恋而放弃自己所热爱的音乐。

失恋是一首凄美的歌

她说，记忆很长很长，长得让我们死去的那一秒都活在别人的记忆里。所以，他规定她不要写日记，而她却忘了。

她叫初夏，是一个孤儿，从小就生活在孤儿院。她不喜欢一个人，她说，她很害怕寂寞的声音。可她偏偏从小就是一个人，她没有朋友，没有两个人的童年，她的世界里，只有对寂寞的感叹。所以，她从小就很独立，也注定她十分喜欢文学，她说，只有书能解答她的心声。她的名字叫初夏，一个很特殊的名字，是她在一本书上看见后取的，她很喜欢海棠花，而她却不喜欢夏天，她说，夏天很寂寞，夏天只有星星和月亮陪伴，加上她，还是一个世界，一个人，一个夏天。

她很喜欢写日记，而她的日记却没有别人的欢乐，有的只有悲凉如水的秋、冷骨彻冰的冬和细雨携愁的春。

他叫解语，据说他出生的时候浑身冰冷，生命微弱，每天靠着药物才能不死去。他的父母为了帮他治疗，带着他走遍了中国，终于在一处地方找到一位叫司徒清风的隐士高人，他给他取名为解语，因为，他是七阴绝脉，需要把人参混合海棠花一起服食，而海棠花也叫解语花，为他取名解语，就是让他记住人参要混合海棠花才能保留他的命。

虽然保住了性命，可那高人还是不能治愈他，他只能靠在每年夏天的第一天服食人参和海棠花续命。也许因为他是七阴绝脉，他比平常的小孩体质弱一半，他父母为了不让他受到伤害，只给他一个人的天地，所以，他从小就没有朋友，可他却不自闭。他喜欢门前那棵海棠树，每到夏天，他都会在那棵海棠树前安静地躺着，细细听着海棠花落下的喃语。有时他也会慢慢地追着闻香而来的蝴蝶。他说，人生，即便如此，它虽然剥夺了我的指引，可重塑了我的自由。

那一年，立春的雪早早就过去，门前的那棵海棠花早已凋落，而初夏却迟迟不肯到来。那一年，为了不让他寂寞，他父母领养了一个孤儿，那就是初夏，他看见她的那一眼，他就知道，他的幸福在她眼里。那一年，他16岁，她14岁。

岁月流过花季，带走了芳香，却留下了来年。

自从看过她写的日记，他就不让她再写，他说，有我的世界，不需要回忆。

于是，她把日记藏了起来。

那一年，他18岁，她16岁。

他的病还是没有好，不过他却从来没有在她面前悲伤过，也从来没有在她面前说起他的经历和病，他的父母也被他说服，不会告诉她。

他很强势，虽然体质不好，可他偏偏可以让她心悦诚服，从来没有违逆过他的命令。他要她每天笑一个给他，他说，笑，是上天赐予我们唯一的礼物。

他知道她害怕孤独，所以，他每天都会在她睡着后才休息。

那一年，他20岁，她18岁。

她考上了大学，在过完她18岁生日那天，她接到大学录取通知书，她却不快乐，她说，没有你给我说的晚安，我怕睡不着。

于是，他瞒着父母，买了两部手机。因为，手机辐射会加剧他的病情，所以从小他就很少接触辐射类物品，手机更是禁忌。

不过，他还是为了她买了手机，而且秘密地对她说，这是他和她的秘密，不要告诉任何人。她毫不怀疑，还很乐意这是一个秘密。

她离开的那一天，他没有去送她。

那一年，他23岁，她21岁。

她离开 3 年，只回过家一次，那一次，她是毕业才回家的，可她却看不到他了，因为，他搬家了，没有人知道他去了哪里，手机也停机，留给她的是一栋属在她名下的房子和一封说他要结婚了，要去国外生活的信。在他搬家前，他让父母把这栋房子留给她。

她不懂。

那一年，她23岁。经过两年的时间，她还是被别人的关怀打动，步入了教堂，成了别人的她。

那一年，她32岁。

那天，刚好是初夏的第一天，她带着她的女儿回到那栋房子。她看见了离别 12 年的人——他的父母，而却少了他。

经过一个小时的询问，她知道了，在她毕业那年，他走了，他不是去了国外，而是去了很远很远的天堂。

她颤抖地接过他唯一留下的两本日记，一本是他的，一本是她的，她翻开他的日记，只有一行字：你的一笑，让我记住了夏天！

她猛然想起，他好像在很久很久以前就规定她不要写日记，原来，他早知道自己会突然在某一天离去，他不想让她记起他的存在，也不愿再让她把他的痛苦谱写在她的日记上。可她还是悄悄记了日记，而她那时也不知道，原来，他早就知道她悄悄地写了日记，在她离开读书那年，他用了一部手机，换了她的日记，那晚，她还以为他要日记是要保留。她还记得，他说，日记都是回忆的悲伤，日记里的人，都是活在悲伤的回忆里的人。回忆不能改，不能变，活在回忆里的人会很难过。

他不喜欢被记在回忆里伤悲，所以，他要保存她的日记，还命令她不能再写日记，他的命令从来是不可违背的，所以，她三年没有记过日记，读书的三年，她都是看着他发的短信度过，而她却不知道，每一次用手机发短信，他的发病率会因辐射成几倍扩大。可他从来没有失约。直到三年后的一个初夏，他发了最后一个短信，短信内容：给我一个微笑。而她刚好手机没有电，没有及时收到，他错过了她的一个微笑。

合上日记，她恍然大悟，她想起，他说，他没有走过夏天，他不知道夏天是什么味道，那时，她还以为他在逗她，现在才知道，他从小就冰凉，活着从来没有感受过温暖。

她也知道了，他原来叫解语的意义，也理解了他每年初夏都会躺在海棠树下过一天，原来，他离不开海棠花。

她打开她的日记，日记里慢慢地回放着他和她的点点滴滴。

翻到最后一页，她突然呆住了几秒，低下头去轻轻地抚摸他为她留下的字，之后她抬起头，对着海棠花笑得很开心，很开心。

因为，他写：给我一个微笑，让我记得来过人间。

庭前那棵海棠花，被风卷起，好像在下着细雪。

或许，在彼此看不见的另一边，你的那一个正为你祝福，而你却不知道！

人的一生中，似乎总也少不了失恋的经历。有的人为此一蹶不振，有的人却平淡地放手，开始下一段旅程。对于爱情来说，放手是一种无奈的绝望，痛彻心扉。当曾经珍爱如生命的人即将成为陌路时，才恍然大悟：原来，曾经以为的天长地久也不过是萍水相逢。

曾经以为可以这样牵着手一路走下去，可是放手了才明白，一切只是两条平行线，当一切都烟消云散，平行的依旧平行。就算相隔不远，也已是人各天涯。

勇敢的代价是自己先放手，承认失败，接受无奈，轻轻地叹口气，祝福他今后幸福快乐，从此心如止水，难起波澜，只会蜷缩在角落，等待着伤口修复，但我们也会因此而体会敢爱敢恨敢失去的洒脱。幸福的感觉也许只是刹那，刹那过后，是一个人的精彩。

第五节　爱上人生中的"不完美"

年轻人喜欢幻想，把一切都在心中涂上玫瑰的色彩，可是现实和幻想是有差距的，在爱情上，不要指望对方是完美的，因为这样的人是不存在的。

不完美本身也是一种美

贝多芬的祖父不仅是男低音歌唱家、歌剧作曲家，也是奥古斯特候选的乐队指挥。他的父亲是男高音歌唱家。贝多芬具有音乐的血统。14 岁时，他在公立学校念书，音乐教育则从 4 岁开始，8 岁已拉得一手好提琴。11 岁他认识了巴赫的平均率钢琴谱。艾登预言他是莫扎特第二。1787 年，他转入莫扎特门下。1788 年曾游维也纳，因为即席演奏莫扎特的钢琴曲而受到关注。莫扎特说："他有一天会在世界上发出一种声音来。"那时，他的慈母逝世，父亲是一个酒鬼，丧失了他的歌声。他不得不去做家庭教师。他开始潜心研究英国文学，并且认识了瓦尔德斯丹伯爵，成为他终身的知己。1792 年，瓦尔德斯丹送他去维也纳，他从此定居在这18 世纪的音乐名城。

"我要扼住命运的喉咙。"贝多芬如是说。他有一双神奇的双手，敲击出天地的轻吟，流水的低泣。只是当音乐的大门向他打开时，命运狠狠地捉弄了他。那一年，他风华正茂，却永远听不见自己的旋律，听不见奏毕的掌声。只是，他像一头雄狮，向命运挑战，用他灵动的双手，用他多灾多难的身躯，用他永远前进的灵魂，谱写出《命运交响曲》，这是英雄的乐曲，这是生命的乐曲，这是灵魂的乐曲，天地为之动容，日月为之增辉。

一生当中，没有人能够按照规划中的目标行事，也没有人能够完全按照世俗的标准走对每一步，就像没有人能够一辈子都无忧无虑一样。多数的时候，人是在跌宕起伏间实现自己完美的人生结局。生命是由许多不完美的事件串成的。

对于我们而言，重要的不是我们现在是不是打中了那个完美的十环，而是我们是否坚定信念，不轻易放弃，坚实而认真地走好我们的每一步，并在沉稳的心态下不断修正我们自己的目标与自己所在的航道，随机应变，只有这样，最终的结局或许就会给你一个意外的惊喜。

年轻人喜欢幻想，把一切都在心中涂上玫瑰的色彩，可是现实和幻想是有一定差距的，在爱情上，不要指望对方是完美的，因为这样的人是不存在的。

林语堂曾说："婚姻叫两个不同的人去过同样的生活。"他是在劝诫年轻人对婚姻不要抱不切实际的幻想，而是要考虑到它的种种不如意之处，免得日后心理落差太大。

年轻人刚进入社会，已到了恋爱的年龄，也许不一定马上结婚，但提前对爱情有一个现实的预计是有必要的。你需要了解一下现实婚姻的情形，才不会在恋爱中因为不切实际而做出错误的选择。毕竟婚姻也是生命中与事业同等重要的大事。

两个人由相识、相知，到相恋、相守，最终携手走向爱情的归宿——婚姻的殿堂，心中无不怀着甜蜜的憧憬、美好的期待。他们在想象之中勾画着未来的生活，哪怕最隐秘的细节、最不易窥测的地方，都被描绘得婀娜多姿、美妙绝伦，连最平凡琐细的生活，也被完全彻底地完美化了。他们陶醉在两个人的世界里，仿佛彼此是对方的上帝。而爱情，成了他们面对生活、主宰命运的唯一钥匙。在过来人眼中，他们是两个盲目的傻瓜，因为此时他们还不完全理解婚姻是什么，生活意味着什么。

　　然而时间的巨手可以钝化感觉，抹平记忆，改变一切。原本使人心旌摇荡的，如今却叫人无动于衷；原本让人铭心刻骨的，现在却使人麻木不仁；连那最让人难以忘怀的一个个美妙瞬间，都变得模糊、暗淡了。是的，时间改变了世界，时间也改变了我们的感觉。

　　不是因为他才华横溢才嫁给他吗，怎么越看越觉得这个人除了才华一无所有？不是因为他风度翩翩才倾心于他么，怎么越看越觉得这人浑身上下都是虚头巴脑？不是因为她气质超群、身材出众才非她不娶么？怎么婚后不到一年便觉得这个人容颜平庸、俗不可耐？不是因为她心地善良、不慕钱财才对她感念不已，以为今生终于找到了理想中的爱人么，怎么孩子刚一出生就觉得这个人变得斤斤计较、唠唠叨叨？

　　生活就是这样，每天都在发生有形无形的战争。说起来全是鸡零狗碎、鸡毛蒜皮的小事，说多了还叫人觉得可笑。然而每个人都在生活的粗俗和琐屑之间经受考验。新潮男女难以忍受此中的磨难，叹息一声"怎么会是这样"便互道"拜拜"，从此天各一方，独自怏怏地去了。

过分地追求完美，可能什么都得不到

　　有一个追求完美的故事令人深思。

　　一位男士自认完美，所以他刻意追求完美的女性来做婚姻伴侣，寻寻觅觅了多年，直到 70 多岁，牙齿都已经脱落了，他仍然是毫无所获。

　　有位好友问他："经过这么多年，你跑遍世界各地，总该见到不错的人了吧？"

　　这位男士回答道："对！我曾经遇到一位完美的女士。"

　　朋友听了，兴奋地追问："那你向她求婚了没有？"

　　"我是向她求婚了，但是她拒绝了我，由于她也在寻找完美的另一半。"70 多岁的"完美"男士很失望地说道。

世界上没有完美无缺的人。如果真有完美无缺的人，你若在他身边，也会觉得非常不相配。相比之下，相形见绌，自然会有一种无形的排斥和威胁。聪明的萧何，在刘邦的面前不时流露出一点贪婪的性情，就是想让刘邦对自己不设防范、不猜忌。自己身上明明有缺点，还要刻意掩饰，就好像掩耳盗铃一样，不过是自欺欺人罢了。面对问题，不能一味地容忍、放任自流，但是也不能过于严厉，不能苛求。

爱一个"完美"的人并不难，爱一个"有缺欠"的人却很难，长久地爱一个这样的人尤其难。而幸亏这样，人的感情才显得深沉厚重、感天动地。说到底，我们谁敢大言不惭地说自己是"完美"的人呢？既然自己有着各种缺点，凭什么以完美要求自己的爱人呢？

爱一个人，便意味着全身心地、尽可能地接受他（或她）的一切，包括他坚强掩盖下的脆弱、诚实背后的虚伪、才华表象下的平庸和勤劳反面的懒惰，甚至要习惯婚前不曾发现的对方种种生活恶习。其实人本来就是不完美的，因此也不要苛求爱情的完美。

第六节　爱是打动人心的钥匙

一把小巧的钥匙为什么能打开锁，而棍棒打不开锁呢？钥匙说："因为我最懂它的心。"爱，就是打动人心的钥匙。

爱是心灵的契合

一把小巧的钥匙为什么能打开锁，而棍棒打不开锁呢？钥匙说："因为我最懂它的心。"在现实生活中，人与人之间也会存在这样那样的锁，把我们的信任锁起来，只有爱是能打动人心的钥匙。

有这样一则故事：

从前有个国王，他有一个被他宠爱到极点的儿子。这位年轻的王子没有一个欲望和要求不被满足。由于他父王的钟爱与权力，他可以得到一切他所向往的东西，然而他仍常常眉头紧锁，面容忧郁。

有一天，一个大魔术家走进王宫，对国王说，他有方法使王子快乐，把王子的戚容变作笑容。国王很高兴地说："如果能办到这件事，你要求的任何赏赐，我都可以答应。"

魔术家将王子领入一间私室中，用了白色的东西，在一张纸上写了些笔画。他把那张纸交给王子，让王子走入一间暗室，然后燃起蜡烛，注视着纸上呈现些什么，说完魔术家就走了。

这位年轻的王子遵命而行。在烛光的映照下，他看见那些白色的字迹化作美丽的绿色，而显示这样的几个字："每天为别人付出一点爱心！"王子遵从了魔术家的劝告，并很快就成了王国中最快乐的一个少年。

一个人只有帮助他人，他的生命才会充满了喜悦、快乐，才有价值和意义。那种对人人付出爱心的习惯与对人人抱着亲爱友善的精神中所产生的喜悦和快乐才能称为成功，才能称为快乐。爱能打动人心，也能打动自己的心。

有一次，一位哲学家问他的学生："人生活在这个世界上，最需要做的是哪一件事？"答案有许多，但最后一个学生说："·颗爱心！"那位哲学家说："在这爱心两字中，包含了别人所说的一切话。因为有爱心的人对于自己则能自安自足，能去做一切与己相宜的事，对于他人，他则是一个良好的伴侣和可亲的朋友。"

只有爱能打动她的心

这里有一个关于爱的故事，很感人。

她叫菊儿，人长得白净，身材玲珑，是当地出了名的俊媳妇。人长得好，可惜命途多舛，30 刚出头，丈夫出车祸死了，肇事人逃逸。丈夫撇下她们母女二人离开了人世，女儿叫花，刚刚 6 岁，她苦于没有经济来源，就托人改嫁给一个外村的煤矿工人。

那人比她大 5 岁，没结过婚，叫富。富个子不高，又胖，小眼睛，皮肤还黑，长得还不帅，是个很老实的人。他不爱说话，菊儿一点都不喜欢他，却毅然嫁给他。那是因为他是煤矿工人。她的一个姐们的老公就是矿工，在煤矿被砸死了，煤矿赔了 30 万，就因为这菊儿才嫁给矿工。她想：等富出了意外了以后就能得到 30 万，以后就能过上好日子了。她这么想的，也是这么做的。

结婚以后，富对菊儿百般疼爱，可是菊儿却是淡淡的。富每月开工资都一分不少地交给菊儿。菊儿总是边数边说："怎么这么少呀，以后多加几个班。"富笑着说："嗯，行！"

一次，菊儿得了伤寒，卧床不起。富看在眼里，急在心上，四处求医，给她请大夫看病。三天三夜富都没睡觉。菊儿好点了，半夜有点清醒了，动了一下，富急忙问："怎么了"？菊儿吓了一跳，说："大半夜的你不睡觉干吗呢？"富说："我睡了谁照顾你呀？"菊儿心里有些感动了，但还是骂了他一句傻。

他是那么深爱着菊儿。虽然他不爱说话，但是爱意全在他心里。尽管他也知道，菊儿根本就不爱自己，但是他还是依旧爱她，依旧对她好。他想："总有一天菊儿会爱上我的。"

生活慢慢地过，日子一天一天地过去了，转眼他们结婚 3 年了。富更加爱菊儿，菊儿就是他的宝贝，就是他的命。菊儿也变得温柔了，多少对富还是有几分好感的，因为富在一点一点地感化她。

一天饭后，富觉得肚子疼得厉害，脸色都变了，菊儿就说你吃点止疼片吧。富吃了一片感觉能好点儿了，但还是有些痛。终于有一天，富实在是疼痛难忍，就自己去医院做了检查。结果出来以后，富傻眼了。医院确诊为肝癌，而且还到了晚期，他最多还能活 3 个月。

富跌跌撞撞地出了医院门口，冲着天空大喊："老天呀，我还没活够呀！为什么对我这么残忍？我要是死了菊儿她们娘俩怎么过呀？"他边走边哭，却不想让菊儿知道，不想让她为自己难过，于是忍着痛苦去了县城。他给菊儿买了一件红上衣，知道菊儿中意红色。他给花买了一条裙子，他想小女孩穿裙子好看。他还买了点肉，想晚上回家包饺子吃。到家以后，富满脸堆笑，他把痛藏在了心里，独自去承受。

菊儿一边试着衣服，一边还嘟囔说："不过年不过节的你买什么肉呀？多贵呀？"富说："我今天高兴就买点肉，你别气了。想吃饺子了。咱们一家三口能坐在一起吃顿饺子是多么幸福的一件事呀！"

菊儿一头雾水，说："想吃饺子那还不容易，想吃就包呗。"富低头不语。

后来，富跟矿长申请去了最危险的地方作业，那是别人都不敢去的地方，因为怕出事。他跑在前头，冲在前头。他在用他的生命做赌注。就在他得知患肝癌的一个月以后的一天，煤矿塌方了，他被砸死了……

当菊儿得知这一消息时，她发疯地跑到煤矿。她一把一把地抓着煤，手指流了好多血，终于把富的尸体挖出来了。在富的上衣口袋里菊儿看到了医院开的诊断书，菊儿泣不成声。其实 3 年多的相处，富对她无微不至的体贴照顾已经感动了她，她本想安下心来踏踏实实地和富过日子，可是没想到，天不遂人愿。菊儿这时没有想到什么赔偿金，她只是感觉到，唯一爱她的丈夫永远地离开她了。

这虽然是一个悲剧，但是最终冷漠的菊儿还是被富的爱感化了。他打开了她的心门，让她体会到爱的温暖。爱的力量是巨大的，它能感染他人，改变他人。我们都应该做一个有爱心的人，掌握这把打动人心的钥匙。

人世间到处充满爱，我们每一个人都在爱的搀扶下生活，在爱的呵护下成长。在众多的爱当中，世界上最伟大的爱是母爱，最贴心也是最纯洁的是朋友之间的爱。

爱是人类永恒的主题。世界无处不充溢着爱，有父母对子女的爱，有师生之爱，朋友之谊，恋人之情，有对工作、对祖国的爱……每个人都在接受别人的爱，同时也在付出自己的爱。人生有爱才美好，爱能够打动人心，给他人、给社会带来温暖。

第 6 章

聆听孤独的独奏曲

孤独是人生至高无上的境界。为何如此说呢？在孤独中，我们可以收获许多平常时候所无法收获的东西，它带给我们宁静，将我们从喧闹的人群中拉入幽静的山谷，让灵魂在这里得到净化与升华。也许在宁静中你会看淡人生的跌宕起伏，摒弃心灵的浮躁，从而笑对人生，坦荡地过生活。

第一节　让思想在孤独中升华

什么也不想，什么也不做，一个人静静地望着天空，在心灵的净化中让自己的灵魂得到飞跃，让自己的思想在孤独中得到升华。

孤独为创作提供了有利条件

贝多芬曾经说："当我最孤独的时候，也就是我最不孤独的时候；因为在这个时候，我才更能领略到音乐的美妙。"但众所周知的是，贝多芬的音乐决不仅仅是简单的音符，更不是在繁华热闹的地方产生的——他是在孤独最厉害时创作了那么多伟大的作品，让自己的思想在孤独中得到升华。

法国著名作家罗曼·罗兰曾经用这样一段话来形容一个人："物质生活的窘迫毫无改观。他贫病交加，孤立无援，但他却是个战胜者——人类平庸的战胜者，他自己命运的战胜者，他的痛苦的战胜者。"是的，作家口中的"他"就是指伟大的音乐家贝多芬。

贝多芬出生时，家里贫困交加，展现出音乐才华的他被父亲视为"摇钱树"，父亲不惜打骂。贝多芬的父亲常把他拽到键盘前，让他在那里艰苦地练上许多小时，每当弹错的时候，就打他的耳光。邻居们常常听见这个小孩子由于疲倦和疼痛而抽泣着睡去。这就是贝多芬的不幸的童年。贝多芬长大后更是痛苦万分，可一次又一次的挫败都没能使他屈服，双耳失聪的他同样在生命的57

年间完成了 100 多件作品。

　　贝多芬的一生是孤独的，更是艰苦的。他不甘于平庸凡俗，与孤独和艰辛进行着一场无休无止的斗争，也许这场斗争是悲惨的，是没有光华的，也是没有幸福的，但贝多芬还是在孤独与静寂中展开斗争。最后他赢得了这场斗争的胜利，他把音乐洒向了世界各地，使自己的思想和灵魂都得到了升华。

在孤独中修炼自己的灵魂

　　当一个人越长大越孤单的时候，他总想找一个清静的地方，给自己一片安静的天地，静静地思索。可以在烦恼的时候到一片宁静的树林中放松自己，在树林里读书，看花红柳绿，听莺歌燕语……不要顾虑太多，找一个清静的地方，让自己好好儿休息下。什么也不想，什么也不做，静静地望着天空，在心灵的净化中让自己的灵魂得到飞跃，让自己的思想在孤独中得到升华。

　　在当今社会中，有的人喜欢热闹，身边没有人陪便觉得干什么都没有意思，实际上，人们有时候也需要在独处中好好儿地思考。也就是说，独处对于我们来说是一种独到的修行。

　　人们往往把与人交往看作一种能力，却忽略了独处也是一种能力，并且在一定程度上是比交往更为重要的一种能力。反过来说，不擅交际固然是一种遗憾，不耐孤独也未尝不是一种很严重的缺点。

　　世上没有一个人能够忍受绝对的孤独，但是绝对不能忍受孤独的人却是一个心灵空虚的人。世上正有这样的一些人，他们最怕的就是独处，让他们和自己待一会儿，对于他们来说简直是一件残酷的事情。只要闲下来，他们就必须找个地方去消遣。他们的日子表面上过得十分热闹，实际上他们的内心极其空虚。他们所做的一切都是为了想方设法躲避面对面看见自己。对此只能有一个解释，就是连他们自己也感觉到了自己

的贫乏，和这样贫乏的自己待在一起是最没有意思的，再无聊的消遣也比这有趣得多。这样做的后果是他们变得越来越贫乏，越来越没有了自己，形成了一个恶性循环。

孤独的最高境地莫过于在孤独中创造。多一份孤独的快乐，少一份无为的浪费，让生命在具有创造精神的寂寞中度过，让生命时光的每一分每一秒不至于虚度。在孤独中拥有了自己的一切，你会觉得你一点也不孤独。于是，你就会明白，能够真正拥有孤独的人是世界上最愉快的人。

孤独的乐趣并非人人都能享受。这能力是受之于先天，或是靠后天习得，孤独能让一个人脆弱，也能让人顽强，它可以毁灭一个人，也可以造就一个人。有的人尽管天赋极高，才华横溢，却不能面对孤独生活。耐得住孤独的人大都性格坚毅，成绩斐然，因为在长期与孤独为伴的岁月中，他磨砺了自己的意志，使自己的思想得到了升华。

第二节　勇敢地面对孤独的自己

当你坦然地、用最纯洁的心去面对孤独的自己时，你便可以排除杂念，让自己去接受一切美好的事物，从中获得力量。

孤独的人生

黛莉雅离开贝多芬，社交界议论纷纷，这无疑对自尊心很强的贝多芬是个伤害。一向坚强的贝多芬这次却被击垮了。耳鸣已使他心理虚弱，再也不堪一击。

他在日记中这样写道："你啊，可怜的贝多芬，世界不再给你任何幸福。你必须把所有的一切，从自己的内部创造出来。你只有在理想的世界中去发现你的快乐。"

一想到黛莉雅，他的心就翻江倒海似的难过，情绪越来越糟，耳鸣也更加厉害了。失恋也不是第一次，不知他这次为什么这样不能承受。

可是，贝多芬是不可战胜的。1801 年 6 月，他在给好友韦格勒的信中这样写道："我时常诅咒造物主和我的生命。普鲁诺克教我要顺从天命。但只要有可能，我就要向我的命运挑战。哪怕在这一生之中，我有可能成为上帝最不幸的子民。"

贝多芬正是以扼住命运的咽喉的勇气直面人生的。在这孤独的时期里，除了埋头创作之外，贝多芬还阅读了很多书籍。特别是古希腊传记作家普普塔克所写的那些精彩传记，更让他如醉如痴。可是，失去听觉却迫使他继续过基本上与世隔绝的日子，这不能不使他心碎。他不止一次在内心呼喊着："不，这样无为地打发日子，这不是我贝多芬所选择的生活！"

当医师告诉他若不能完全治愈的时候，贝多芬又另换了一个医生施米德，他觉得贝多芬的耳聋是可能恢复的，至少会有所改进，施米德叫他住在较僻静的地方。1802 年春，按照维也纳人的习惯，贝多芬到乡村去消夏。这回，他是接受了他的新医生施米德博士的建议，来到了海林根城静养。

从维也纳到海林根城，如果搭乘马车，只需 1 个小时就够了。海林根城很幽静，是一个青山环绕的乡村，到处是宽广的葡萄园。山里有很深广的溪谷，清澈的溪流在山谷里流动着。在那浓阴蔽日的树林里有一条小路，可通往幽静的村落里去。

贝多芬喜欢在这条小路上散步，到了后来，这条小路就被大家称为"贝多芬小路"。

贝多芬就在这村子的葡萄园里，租了一幢独立的二楼。他很满意这个住处，从房间一侧的窗子望去，越过五彩缤纷的田野，他可以看到多瑙河和喀尔巴阡山的美丽景色，这给他那还在滴血的心带来了些许慰藉。

这里没有城市的喧嚣，呈现一片恬静的自然美。他准备在这里住一段时间，遵照医生的嘱咐治疗耳病，还可以让时间去平复失恋造成的心灵创痛。他彻底轻松下来，每天到田野、树林间去散步，到小溪边钓鱼，暂时放弃了乐曲的创作。大自然给了他无穷的乐趣。

贝多芬仍旧没有钻出音乐的圈子，他的朋友常来看他。法朗兹·兰兹也时常到海林根城来接受早晨的教程。

早晨8时吃过了早餐以后，他会说："让我们做一个简短的散步。"兰兹记叙说："我们一同走，时常至下午三四点尚不回来，而在别的村庄里进午膳，在某日的散步中，他第一次给我证明他已失去听觉，我叫他注意一个牧童正在吹笛，吹得很是动听，过了有半小时之多，贝多芬一点也没有听见。为此，他变得极端的宁静和愠怒，平时他快乐的时候似乎是极端暴躁的，但现在不是了。"

西法拉特·柴姆斯加尔对于他失去了熟悉的音调和变得静静的愠怒的样子，或者他跟不上他们的会谈时，假装心不在焉的样子，都不能有所帮助。他们发觉要装作不知道是非常困难的。

朋友间的谈笑让他很失望，因为他不能与他们交流，他沉浸在世界上一切都是虚构的可怕思念中，他离开了他们，大踏步地回到海林根城的家里去了，音乐的思想比从前更丰富地涌起来了，这极大的力量使他能够克服命运，他为这力量而荣耀。

贝多芬写信给韦格勒和阿曼达，说他的音乐是从多面集合而来的，它带给他名誉和金钱。他写给韦格勒的信中的道歉之词绝不是他的长处，而音乐却是另一回事了："我是生活于乐号上的，当我作完了一曲，另一曲又开始了，我现在的工作常同时作三或四个曲子。"

1802年的夏季，贝多芬的大部分时间花在演奏和创作音乐上。

有时欢乐，有时愤怒，但大部分时间他的精神都很好。我们都知道那年夏季的贝多芬与以前俨然不同，但当秋天降到海林根城后，那难以形容的快乐时期是不再来的了，但再来的将是什么？

悠闲平静的生活冲淡了兄弟们和失恋带给他的痛苦，也使他似乎对人和人生又有了进一步的理解和认识。但是，耳聋的痛苦仍旧死死地缠住他不放，时常将他刚刚获得的愉快心情破坏得荡然无存。

每当贝多芬看鸟儿在枝头欢畅地鸣叫之时，尽管他侧着耳朵仔细地听，所听到的仍然只是那讨厌的耳鸣。

听不到！什么也听不到！贝多芬关上门，双手抱着脑袋横躺在床上。

"我的耳朵，怎会聋成这种样子？"

"那些饭桶先生，为什么就没有本领医好我的耳朵呢？"

疾病的折磨和无法解脱的精神痛苦使贝多芬更加郁郁寡欢。慢慢地，就连海林根城的美丽景色也无法让他轻松起来了。

一天上午，贝多芬和他的学生里斯在乡间路上散步。原野上遍地是野花朵朵，高耸在灌木后面的森林一片翠绿。贝多芬忽然发现在一棵松树下躺着一只小山兔。它的腹部有很重的伤痕，紫黑色的血水染红了灰色的皮毛。

"老师，它已经死了！"里斯看过小东西，然后贴在贝多芬耳边低低地说。"是啊！一个活蹦乱跳的生灵就这么死了，这件事看起来挺简单的。"在回家的路上，贝多芬一直沉默不语。

贝多芬一直在想："唉，上帝，请你救救这个可怜的人吧！难道你不知道我的内心燃烧着对人生的热爱吗？难道我真的就这样聋着耳朵死去吗？既然是这样的话，那我还是自杀的好。音乐也不能听，仿佛被这个世界遗弃了。这样老是生活在孤独与绝望中的话，我还是死了的好！"

1802 年一场秋雨过后，树叶开始凋零。贝多芬一个人孤独地在林中徘徊，陷入了绝望的苦闷之中。从昨天起，他连教堂的钟声都听不见了。贝多芬终于感到问题的严重，对治疗彻底失望了。耳聋对平常人来说是一部分世界的死灭，对音乐家来说是整个世界的死灭。一切结束了吧！死的想法涌上心头。

大自然是这样的美妙，可是此刻坐在窗前的贝多芬却绝望到了极点。已经来这里几个月了，他的病情并没像医生说的那样逐渐痊愈，而是更加厉害了。他沉思了许久许久，终于下定了决心。此时，也好像有一只漆黑可怕的死亡之手在贝多芬面前威胁着。

后来，他急速起身，在桌旁坐下，提起笔来，开始写遗书：

"我死了以后，我的弟弟们，你们两个要和和气气地把我的财产平分，两个人以后要互相帮助地生活下去。所有你们过去对不起我的事情，我都原谅你们。我在祈祷，希望你们能够幸福地生活下去。同时，要好好儿教育你们的孩子，要他们懂得道德才会使人幸福，而这绝不是金钱所能买到的。

"再见！我要和你们分离了，实在伤心！心里一直怀抱着一个希望，那就是我的病总会在某种程度内痊愈。现在，这个希望已经舍弃了我！

"这就像秋天的枯叶一样，所有的希望已经消失了！唉，上帝！请你给我一个真正的快乐日子吧！只要一次也好。但是，到什么时候才能实现？到哪一天才能感觉到？不会有，不会有了！这未免太残酷了吧！无须再犹豫了，我已经到了了结我的生命的边缘。"

这篇遗书的每一个字都是贝多芬的血泪凝成的。在遗书中，可以看到贝多芬奇特的内心独白，也可以说是他彻底的忏悔。

写好之后，贝多芬把遗书封好，在信封上写了"等我死后拆"几个字，颓伤地坐到沙发中，盘算着如何迎接死神的到来。生与死的撞击、搏斗，壮烈而残酷。他一动不动地坐着，任感情和理智无休止地争斗。不知过了多少时间，是艺术挽救了他，一想到未竟的艺术事业，一切痛苦都不在话下了。

贝多芬毕竟是贝多芬。他重新站了起来，从心底发出一句震撼世界的名言："我要扼住命运的咽喉！"

海林根城的"遗书"是长期沉默的结果，他诅咒医生错送他到乡间去，以为这就可以隔绝喧扰的声音，结果反使他的脑中不能长久地安静下来！惨痛的忏悔，也没有解除这个痛苦。

海林根城的居民是爱贝多芬的，出版商经常印出他的作品，他大部分时间是花在作曲的思考中。细察海林根城夏季中的贝多芬，有人会发现他所得到的是不可思议的丰富成果，他的记事册上写有第三十一号作品钢琴奏鸣曲，第三十号作品 3 首小提琴奏鸣曲、变奏曲，但最重要的是第二交响曲就在此地完成了。

这首交响曲从头至尾是愉快的，它的声音稳定，抓住了乡间安静的生活，第一乐章是一种召唤式的，聚积着能力，其中，作曲者运用一种新的力量扩大了罗曼蒂克的抒情主义，这首交响曲在第一乐章中完全显出了乐器的本色。

当贝多芬在海林根城写着他的志愿时，"那已是很长的时间了，自从真正的快乐从我的心中回鸣出来"，他忘记了从痛苦的心中所发出的快乐，他发现了音乐中的新天地，贝多芬所作的第三十一号作品 3 首奏鸣曲更是以前所不及的，也就是这个夏天的作品。暴风雨冲过了第一和第二首，第三首降 E 长调奏鸣曲，他应用了缓慢乐章，也是非常轻松的。

经过了快乐的夏季，秋天突然地降临了。秋风萧萧，他将他的忏悔文件封在自己的桌中，像人类的知识离他而去，他自己的思想仿佛也随之而去，停滞着的暗淡也好像突然地离开了他。

在 11 月里，他到了维也纳，周旋在朋友和音乐之间，他教别人课程，接受请柬，一会儿在这里，一会儿又在那边，多时不见的贝多芬好似经过了一个极大的转变。

从他的内部解放出新鲜的生命力量，痛苦、忧郁看起来都已转嫁给别人了。外来灾难带给他内在的力量，一种新而坚定的手法，深切而纯洁的景象，创作交响曲的坚定意识，践踏了失败的软弱的思想。

贝多芬对他新的力量感到惊喜，这使他明白要去攫住人类精神中最崇高的声音，那是一首征服的交响曲，这"征服"二字并不是用在军事上。作曲者经过数月的劳苦已宣布一种无敌的力量，无论什么都不能击溃它，他终于学会了"如何去征服命运"。

在贝多芬的一生中，只有这一次绝望。他走出生与死之间的迷谷，平静下来。他把两封遗书藏在箱底，把痛苦绝望化为了忍耐奋发的动力。从此，他进入了创作的高峰期，他的刚毅天性获得了胜利。命运踩不死你，它就跪在你的面前。贝多芬以胜利者的雄姿在艺术探索的道路上勇敢地向前迈进。

他手上的鹅毛管笔在五线谱纸上"沙沙"作响，《第二交响曲》很快完成了。前两年所作的《第一交响曲》太受海顿与莫扎特的影响，没能表现出自己的风格。这次要打破以往的保守套路，多一些自己的特点。这是一个进步。更为可贵的是，在耳疾、失恋双重打击下产生的作品居然精神充溢饱满，全无颓伤之气。

1803年，贝多芬对他的朋友说："我至今不能满意我的作品，从现在起，我要开辟一条新的道路。"他的这个追求实现在他的《第三交响曲》和自此以后的作品中。

似乎贝多芬的孤独和他的音乐天赋一样与生俱来。童年的日子是值得留恋的，可是贝多芬的童年没有伙伴，没有童年的欢乐他是孤独的。他时常偷偷地站在小阁楼的窗前，望着街上的行人，小朋友们在追逐嬉戏，小贝多芬多想跟他们一样无拘无束地玩啊、跳啊，但环境使他过早地成熟。一个10岁的孩子，坐在莱茵河边，对着缓缓北去的河水，想着、想着……在沉思中他忘了一切，精神恍惚。长大以后，这种沉思竟成了习惯。

一生中，他能够忍耐着寂寞、孤独，这也许是他在童年的性格中奠定了的基础。没有孩子的天真，没有他撒娇卖乖的家庭条件，他只有勇敢地面对这份孤独，并且到音乐里去寻求安慰。

勇敢地面对孤独

当你用惧怕的心去面对孤独时，你便会想着躲避，用各种方法去消除孤独的感觉。在急切与恐惧中，你很容易"慌不择路"，最终使自己变得更糟。而当你坦然地、用最纯洁的心去面对孤独时，你便可以排除杂念，让自己去接受一切美好的事物，从中获得力量。因此，孤独虽然听起来令人悲伤，令人惧怕，但实际上它却是平静的、祥和的，能给人力量的。

《瓦尔登湖》并非是虚构的文学作品，而是梭罗的真实生活。年轻的梭罗曾经有过一段刻骨铭心的爱情。他爱上了一个 17 岁的少女。在他的心中，对这位少女的爱慕曾经是人生的全部。

可不料，梭罗的哥哥也爱上了这个少女。他们 3 个人经常在一起散步，在河上划船，登山观看风景，进入森林行走，他们还在树上刻下了他们姓氏的首字母。对于这 3 个年轻人来说，幸福应就在此处。然而，事情并非永远如人所愿。

不久后，梭罗和哥哥分别向那少女求爱，少女拒绝了他们。没有多久，那少女嫁给了一个牧师。

这段毫无结果的恋情在梭罗心头留下了重重的一道疤痕。而更令他伤心欲绝的是，一天，他的哥哥不小心被剃刀片割伤了中指。可没想到两天以后伤口化脓了，他全身疼痛。这一个小小的伤口竟然引发了败血病。没有多久，梭罗的哥哥就与世长辞了。

失去了心上人，又失去了亲人，这一个个打击让梭罗也病倒了。大病了 3 个月之后，他才慢慢恢复。带着伤心与哀伤，他一个人借来一把斧头，来到瓦尔登湖边的森林里。梭罗自己建了房子，独自一人在瓦尔登湖边住了下来。

"冬天正跟冻土一样地消融，而蛰居的生命开始舒伸了。"

在瓦尔登湖的日子对于梭罗来说，安静且恬美，简单且自然。后来，他把对这里一点一滴的观察和自己对生活的感受写成了一本书，就是《瓦尔登湖》。

梭罗是个很有才华的青年，他也曾意气风发地站在讲台上，为学生授课。可就是这样一个年轻人，却放弃了自己的事业，抛开了人世间的繁华，选择了一个人回归大自然的怀抱。

是什么让他放弃了灯红酒绿，来到那静静的瓦尔登湖畔？是什么让他放弃了男欢女爱，来到那静静的瓦尔登湖畔？是什么让他放弃了热闹繁华，来到那静静的瓦尔登湖畔？是对简单生活的追求，是对自然生活的热爱。就像他自己所说的："简朴生活是门学问，它一直遭到人们的轻视，但它却不能任人视而不见。"这也是《瓦尔登湖》吸引人的原因，它所散发出来的简单快乐是极具魅力的。

作为一个生活在都市中的现代人，谁都难免有疲惫、心烦意乱、无可奈何的时候，这些坏情绪很容易让我们陷入孤独中。在这个时候，你该如何面对呢？是逃避、郁郁寡欢，还是乐观积极地面对，并在其中找寻属于自己的世界呢？梭罗选择了后者，在孤独中写出了传世的著作《瓦尔登湖》。

朋友们，请微笑着面对孤独，因着它是你送给自己最好的礼物。为什么我们不能将孤独当作送给自己的最好礼物呢？

是的，孤独其实是一种平和的生活姿态，是一种回归自然的简雅，是一种让心灵寻求宁静的方式。让我们以平静、勇敢的心态面对孤独，在属于自己的瓦尔登湖畔找寻一片宁静。

第三节　伸手抚平孤独的沟壑

当抚平孤独时，你便不会战战兢兢、如履薄冰，你将可以挺起胸膛、昂首阔步，直面所有的艰难，享受所有的美好。

只能被打败，不能被打垮的英雄

1925 年 10 月，贝多芬搬进了他生前的最后一处寓所——西班牙修道士在市郊建造的一处公寓。这套住宅成为他灵感的来源之地，他在这里先后创作了《F 大调弦乐四重奏》和《降 B 大调弦乐四重奏》，并应伦敦交响乐团的邀请，筹划创作《第十交响曲》。

"卡尔，你到底想从事哪种职业？你得有自己的理想吧！"贝多芬很难过地对卡尔说。

对卡尔爱护备至的贝多芬还是一心想把他培养成为一个音乐家。所以，贝多芬把他送到钢琴教育家那里去。可是，卡尔跟他父亲一样，不到半路就中途放弃了。

小卡尔跟了贝多芬之后，他的生活更加拮据了。灯下他开始计划开支：收入 3400 金币，支付房租 1100 金币、佣人 900 金币、小卡尔的学校费用 1100 金币，算到这里，他不敢再算下去了，今后的生活怎么办？

贝多芬身体总是不好，时常觉得有死的可能。他告诉自己：可不能死，如果死了小卡尔可要受苦了。每当有些收入他便存入银行，不管有多大的难处他也不敢动用，那是给小卡尔积存的学费，他要他读大学，可是卡尔却根本不按贝多芬的安排走。"我实在不擅长音乐，让我停下来吧！"卡尔恳求道。

"既然这样，那也没有办法了，就送你去大学念书好了。"

卡尔的脸上还露出了不大乐意的表情。他心里不愿意去，但除此之外，又没有什么别的出路。

可是，贝多芬刚刚平静下来不久，就接到了校方的通知。

"学生卡尔·贝多芬，很少去学校上课，这是无心向学的表现。经教授委员会的决议，予以自动退学处理。"

贝多芬看完通知，大吃一惊，立即就把卡尔叫了来，问他："你为什么要逃学？"

卡尔诚实地回答道："说实在的，伯父，我根本就听不懂大学里的课，要我去听课，真是件苦差事。"

"你不去上课，到哪里去？"尽管卡尔没有回答，可是，从他的眼里，贝多芬也能察觉出其中的隐情。

贝多芬明白，他一定又到他母亲那里去了。

此时，贝多芬心里非常愤怒，但还是强忍着怒火把卡尔拉到身边语重心长地对他说："为了你，我早已下了决心，无论什么责任我都要负的。你有任何意见，尽管对伯父说明白。我们两个来好好儿商量，不是很好吗？"

贝多芬这样一说，卡尔不住地点头。

"关于上学的问题，我是这样想的，如果你实在不愿意读大学，去工业学校也好，这样可以学到些真本领。"

卡尔听到这里，脸上就露出了微笑。就这样，贝多芬把他送进了工业学校。叔侄两人身隔两地，贝多芬不断回到维也纳来看卡尔。不在维也纳时，他常给卡尔写信，总共写了 28 封信。

他写信的时候，总是用"我忠实的孩子"来称呼他这个侄子。同时，每次写信，贝多芬总用以下的几句话来结束："回来吧！马上回到你那真诚待你如父亲般的伯父身边来吧！"

然而，卡尔总是不以为然。他总认为待在伯父身边束缚太多。

卡尔总是喜欢与那些太保、流氓们混在一起，吃吃喝喝，赌赌玩玩。卡尔终于玩出火来了。一天，贝多芬正埋头于创作。

"老师，老师！"突然黑特莱的大声呼唤打断了他的构思。

"老师，不好了，卡尔他自杀了！"黑特莱气喘吁吁地跑进屋来说。

"什么！"贝多芬望着黑特莱惊慌失措的脸，一种不祥的预感不禁涌上心头。黑特莱飞快地拿出谈话本，将这个消息写在了谈话本上。

"不过，他没有死，只是头部受了伤。"黑特莱定了定神，又写道。

此时的贝多芬像热锅上的蚂蚁，急忙赶到现场。到了那边一看，果真是卡尔。贝多芬飞奔到卡尔身边，把卡尔抱上车子，送进了维也纳市立医院。

贝多芬一方面担心卡尔的伤势，同时也害怕这个不光彩的事件向外界传开。如果全维也纳的人都知道乐坛大师贝多芬的侄子自杀，这实在是一件让人无法忍受的事情。名誉是贝多芬的脸呀！

可是，好事不出门，坏事传千里，这一轰动社会的事件不出两天，已传遍了维也纳的大街小巷。

到底是什么事情会令卡尔动了自杀的念头呢？原来，卡尔正面临着一次至关重要的考试，因为整天吃喝玩乐，他知道，自己很难过这个关，再加上债务缠身，他担心会被伯父训斥，又不敢向伯父开口要钱，便动了轻生的念头。他变卖掉自己的一部分东西，为自己买了一把小手枪和一发子弹，然后来到树林中，扣了扳机。

经过一阵紧张的抢救，卡尔终于脱离了危险。当他睁开双眼看到伯父时，惊异地发现，一夜之间，他仿佛一下子衰老了，精神也差劲多了。

见到卡尔醒来，贝多芬紧紧地抓住他的手，声音颤抖地说道：

"卡尔，我的孩子，这是何苦呢？好啦，从现在起，你再也不用害怕了，一切有我呢！"

望着虚弱的卡尔，贝多芬仿佛看到了自己的弟弟躺在床上，弟弟去世前的那一幕又浮上了贝多芬的心头。一时间，悲伤、思念、惭愧一起涌上心头，贝多芬想："如果弟弟在天上看到了这一切，他会多么失望啊，我真对不起他。"

几天以后，卡尔彻底脱离了危险，贝多芬终于松了口气。又过了一些日子，在贝多芬的精心照料下，小卡尔的伤基本上好了。

卡尔的问题解决了，然而贝多芬却因这件事而遭受了致命的打击。这一声枪响打碎了贝多芬对侄儿的一片希望，他一下子老了二三十岁，生命接近尾声了。从这以后，他的一切行动一直显得笨拙而吃力，性格变得消沉，身体也变得弱不禁风了。闹出了这件不幸的事情之后，贝多芬突然想清静清静。同时，也为了使卡尔头部的创伤彻底痊愈，让他更多地感受家庭的生活气息和温暖，贝多芬带着卡尔去了约翰的庄园格奈克森多夫。

他和卡尔两个坐上一部马车，离开了维也纳。

"卡尔，我希望你今天不要再胡闹了，从今以后，你能不能够痛下决心，改过自新，做一个好孩子呢？而且，不论在什么时候，你都要成为一个我所疼爱的好孩子！尽管我不是你的亲生父亲，可是，我一直都把你当作自己的亲生骨肉来看待，我从小把你抚育长大，希望你成为一个好人。"

贝多芬那衰弱的身体靠在背后的椅垫上，苦口婆心地规劝卡尔。可是卡尔根本无法理解他的伯父为了他承受了多少重负。

格奈克森多夫是个风景十分美丽的村子。它距维也纳约有100英里。这座庄园后面有微微倾斜的小山坡，从前面可以眺望多瑙河，这一切使得贝多芬感受到故乡波恩的气息。

在这里，所呼吸到的是远离城市的清新空气，所看到的是层峦起伏的山峰。自然的景物足以使贝多芬怡情养性。

在美丽的乡村格奈克森多夫，贝多芬度过了最后的快乐时光。值得欣慰的是，在经历了那次自杀事件后，卡尔变得规矩多了，而卡尔的母亲也不再来扰乱他们的生活。

卡尔和贝多芬住在约翰家，除了帮叔叔约翰干一些力所能及的事情之外，其余一些时间大都陪伴在伯父身边。这使得贝多芬的心里感到从未有过的宁静，也使得他能抓紧一切时间来埋头于自己的创作。

"我希望再写几部大型作品。"他对黑特莱说，"我觉得这一阵儿灵感来得特别快，要抓住这个绝好的时机。"

可是，命运却总是跟贝多芬作对。他住在约翰这里开始时一切还都非常顺心，可不久就逐渐走向了反面。他的弟弟和弟媳对他都比较刻薄。

坦率地说，贝多芬是一个讨人嫌的客人，而他弟弟约翰又没有耐心，不能理解哥哥那变化无常的心情和一个过于敏感的艺术家情感的爆发。很快，这位性格怪异的音乐大师就干涉起了约翰的家庭事务来，他有时抱怨饭菜不合胃口，有时又埋怨床铺让他难以入眠，而约翰则以财大气粗的人对待穷光蛋一样对待这位难伺候的兄长。

兄弟俩无谓的争吵日渐频繁，这使得贝多芬的情绪不断变化。情绪的不稳定导致了他的胃病复发，肠炎、腹泻、腹部肿胀一齐找上门来。

在 1826 年 12 月的一个潮湿而寒冷的早晨，贝多芬与卡尔坐上了狠心的约翰为他们雇的破车，急匆匆地踏上了归途。刺骨的严寒向着贝多芬袭来，使他咳嗽不止，疼痛难忍。病痛毫不吝惜地折磨着这个无依无靠的人。

天气越来越冷，简直把人冻得难以忍受，贝多芬躺在床上想好好儿睡上一觉，但一直睡不着。他的两只脚肿了起来，而且肿得非常厉害。贝多芬撑起半个身子来，抚摸着那肿起来的脚，心头不由得又浮起一种无法形容的愁绪。

从那天起，贝多芬就一直辗转在病榻上呻吟。当 1827 年来临的时候，贝多芬已经在病榻上躺了将近一个月了。

为了不使贝多芬寂寞和悲伤，朋友们尽量在他身边，给他安慰。可这些慰藉并没有使他的病情发生什么好转。现在，除了全身浮肿以外他又患上了黄疸病。他的腹部开始大量积水，肠绞痛和可怕的腹泻又使得他瘦弱不堪，贝多芬被疾病折磨得在那里发抖。为了缓解贝多芬的痛苦，医生先后为他进行了 3 次穿刺。第三次穿刺之后，贝多芬的病情忽然明显好转了。就在此时，卡尔离开他的伯父，去远方参了军，这无疑又给了贝多芬以沉重的打击。

病情又加重了，贝多芬动过一次手术，去掉肚子里的积水，结果，并没有获得多大的疗效，接连又动了第二次、第三次手术，身体仍然一天天地坏下去。1827 年 2 月 27 日，贝多芬动了第四次手术。这时，他已经完全意识到自己的病已毫无希望。黑特莱试图用春天即将来临的消息安慰他，但没有用。

疾病折磨着贝多芬，他感到活在世上的日子不多了。望着窗外寒风摇撼着枯树的枝干，昏黄的夕阳显得十分无力，他自言自语地说："难受痛苦的冬天啊！这可能是我最后的一个冬天了。"

当他稍好的时候，他又燃起了生的希望。他同来看望他的朋友们谈文学，谈莎士比亚。他还在病床上看书、写信。坚强的贝多芬又顽强地与病魔斗争将近一个月，没有哀怨，没有绝望。可是，贝多芬还是一天天地接近了死亡的边缘。

"还是留下遗嘱的好。"黑特莱来探望贝多芬时，把纸上的这句话给贝多芬看。贝多芬点了点头表示同意。于是，黑特莱就给他起稿。

"我的侄儿卡尔是唯一的继承人。所以，我的全部遗产完全归卡尔继承。特立此遗嘱为凭。"贝多芬伸出颤抖的手，很费力地在遗嘱上签了字。他放下笔，瘦削的脸上满是汗水。

黑特莱扶他躺下，收好了遗书。他看到贝多芬的嘴在动，似乎在说什么，仔细听才听出："请为我喝彩，喜剧已经结束了。"

这是罗马皇帝奥古斯都临死时说过的一句话。这究竟反映了贝多芬一种什么心情，令人费解。

临终的日子终于来到了。1827 年 3 月 26 日，这一天维也纳阴云密布，天地无光，整个城市笼罩着一种悲惨的气氛。到了下午 15 时至 16 时之间，一场暴雨挟着狂风从天而降。一道闪电把贝多芬昏暗的屋子照得一片光明，接着是一串碎人心胆的雷声。

处于昏睡状态的贝多芬突然睁大了眼睛，紧握着右手高高举起，凝视着窗外风雨交加的世界，是抗议？是呐喊？是欢呼？不久，手垂了下来，他闭上了眼睛。一切归于静寂。

他在这暴风雨中逝去了。伟大的灵魂带着他的骄傲，带着他的遗憾，还有胎死腹中的《第十交响曲》走了。此时，时针指向 17 时 45 分，贝多芬享年 57 岁。在一生中遭遇了各种各样的不幸，却始终凭着坚强的意志不断奋斗，这位只能被打败，而不能被打垮的"英雄"就此与世长辞了。

贝多芬是孤独的、寂寞的。由于耳聋，他的脾气一直很暴躁、易怒而多疑，很难跟人相处。又因为从小家境困窘，他对金钱斤斤计较，与人交往也就处处设防。最重要的，他对爱情充满了向往，但他的追求却一再落空。

他跟好几位女性有过恋爱，有的甚至谈及婚嫁，但是，由于当时音乐家的社会地位还不高，经济不稳定，再加上贝多芬脾气怪异，极难相处，最后总是因为女方的拒绝而不了了之。

但是我们知道，面对如此多的冷漠，贝多芬并没有被打倒，他的双手依然抚在琴键上，就这样抚平他内心孤独的沟壑。

在我们的一生中，免不了要面对孤独，这是一段必经的历程，也是

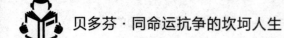
一段奇妙的历程。一个人的时候，不必再为人际费神，不必再与恋人争辩，不必再装模作样地做事，就像一首歌中称颂的那样："终于能像鸟儿自由飞，终于能大方去买个醉，终于可以贪玩和晚归……"

抚平孤独

要抚平孤独还真不是一件简单的事，并非一时一刻就可以做到的。大多数人在刚开始体会孤独的时候可能会陷入其所带来的痛苦中，感到难以忍受，或中途放弃，或痛苦不堪。但也有一些人驾驭了它，将它驯服得如同一匹对主人百依百顺的神兽，使它带着主人游历另一片开阔而美好的天地。

奥地利诗人里尔克就属于这样的人。

里尔克是一个很喜欢孤独的人，他的很多作品中都有诉说孤独的诗句。

里尔克出生在一个普通的铁路职工家庭中，他很小的时候父母就离婚了，破碎的家庭使他过着一种与同龄孩子不同的感情生活。

长大一些后，里尔克进入一家军事学校，但他并不喜欢那里，只不过当时的平民阶层都以让子女从军以融入上流社会为时尚，所以里尔克才不得不来到军事学校上中学。这段求学的日子被里尔克视为对精神与肉体上的摧残，这也更加加深了他的孤独感。

不久后，里尔克因为身体素质太弱而被军事学校除名，尽管他后来转读一所商业学校，但依然提不起任何兴趣。

就这样，年轻的里尔克怀着孤独、落寞的心情遍游欧洲各国，他会见过托尔斯泰，给大雕塑家罗丹当过秘书，还在第一次世界大战时应征入伍。

这种颠沛流离的生活使他充满了孤独和落寞的情绪，在无人理解的情况下，他只有把自己的思想寄托在文学作品中。

里尔克的一生有着很多著作，如《生活与诗歌》《梦幻》《祈祷书》《新诗集》等。在写作的过程中，他仿佛走进了另一个世界，尽情地描绘诗歌中的音乐美和雕塑美。

慢慢地，里尔克对孤独有了全新的体验，他认为正是孤独使生活有了不一样的体验，于是他将美好的孤独赋予在自己的作品里。从作品的字里行间可以看出，里尔克的孤独并不是一种自我与社会对抗的逆反情绪，不是被社会抛弃、被人群孤立后的颓废心理，而是一种与众不同的生命感受，是一种坚定的精神力量，是一种对自我的深层次思考。

里尔克不但将自己沉浸在美妙的孤独里，还常常开导一些惧怕孤独的人。在《给青年诗人的信》中，他这样写道："在圣诞节到来之际，当您在节日中比平日更难忍受孤独时，您不会收不到我的问候。可是，如果在那时您发觉孤独很厉害，那就为此感到欢乐吧。因为（请您自问）不厉害的孤独算什么呢？孤独只有一种，它是厉害的，不容易忍受的，差不多所有的人都会碰到这种时刻，他们情愿放弃这种时刻，换取任何一种不管多么平庸而毫无意义的交际，跟随便什么人，跟最微不足道的人取得一点点表面上的一致……"

在里尔克的眼中，孤独非但不可怕，反而像情人一样美丽，一样令人迷恋。之所以如此，是由于他抚平了孤独。

孤独就如同一匹桀骜不驯的野马，如果你是一个技术精糕又没有耐心与毅力的骑师，很容易被它甩在地上，碰个鼻青脸肿；而如果你是一个技术精湛的骑师，并与它展开一场持之以恒的较量，那么总有一天会将它征服，让它对你俯首称臣。

如果你有足够的技术，那么就像里尔克一样征服孤独，让它为你所用。如果你的技术还不够炉火纯青，那也不妨为自己找到一个折中的处理办法，也不失为一种人生智慧。

当抚平孤独时，便不会战战兢兢、如履薄冰，仿佛每走一步都会被怪兽吞掉，你将可以挺起胸膛、昂首阔步，直面所有的艰难，享受所有的美好。当抚平孤独时，即使一个人坐在公车的角落里驶向陌生的地方，也不会觉得焦虑和无助，反而会悠然地透过车窗欣赏窗外的风景。当抚平孤独时，哪怕失恋或找不到心爱的人，也不会难过得想哭，可以一个人漫步在街头，平静地看着来来往往的手牵着手的情侣们，在心里祝福他们幸福、快乐。当抚平孤独时，即使周围的人都不赞同你的想法，对你产生怀疑，你也不会感到孤立无援、不被理解，一个人的舞台会被你装点得更加漂亮。当抚平孤独时，你便不会自暴自弃，不会只看到阴暗的事情，不会凡事都往坏处想，你会在其中找寻幸福，为自己增值。当抚平孤独时，精神世界再也不会无聊，你可以把握思绪，为自己创造一场精神世界的饕餮盛宴。

第四节　辉煌的背后是孤独的盛宴

有时候我们能够享受辉煌，也能坦然面对孤独，但是对于辉煌后的孤独又有几个人能够用平常的态度来对待呢？

盛极一时的贝多芬

在维也纳，贝多芬是很受欢迎的，可以说，他在那里度过了一段伟大的日子。

1814 年，在国会议政厅招待全欧洲皇帝和显贵人物时，贝多芬的作品就被指定演奏。雷苏莫斯基伯爵在他的宫殿里设置了许多社会节目，"贝多芬所到之处，每个人都对他表示尊敬"。辛德勒写道："他由雷苏莫斯基伯爵介绍给每一位贵族，他们对贝多芬的尊崇都已经到了最高的地步。俄国沙皇想独自对他表示敬意，这个介绍仪式在鲁道夫大公爵的房间中举行。在那里，贝多芬又碰到了许多别的有身份的人物，看起来，鲁道夫是经常邀请有地位的人来庆贺他的伟大教师的成功的。"

贝多芬十分礼貌地接受别人对他的尊崇，他为俄国沙皇写了一首《波兰舞曲》，同时又作了一出短歌剧《灿烂的一刻》。

9 月，《菲岱里奥》重新上演，并且持续到 10 月。11 月，又在皇宫大厅中举行了一场音乐会，聚集了许多的著名人士。在《维多利亚战役》演奏之后，许多人都鼓起掌来。也因此，欧洲各界的人士对交响乐的爱好大大提高。这个音乐会在 12 月又举行了两次。

贝多芬就这样赢得了人们的关注和尊崇。同时，他又创作了一些令人耳目一新的作品。1815 年 12 月 20 日，在皇家宫廷中举行了一场音乐会，最后一个节目是从《菲岱里奥》中抽出的一个四重唱《我是如此地震惊》。贝多芬得到的尽是人们的掌声。但是这时，他忽然冲到了钢琴前，当着欧洲许多皇帝、皇后、王子和大臣、显贵们的面"即兴演奏"起来，并全神贯注投入其中。这是他在公众场合最后一次以钢琴家的身份出现。

贝多芬经历了人生中辉煌的时刻，但是紧接着一切好像又进入了低谷。

辉煌背后的孤独

后来，一个让人担心的消息传到维也纳，那就是拿破仑已从圣·赫勒拿岛上逃了出来，并且已经到达法国。国会一解散，维也纳文化艺术的一个繁荣时期就这样宣告结束。宫廷中的活动也就减少了，这影响了贝多芬的生活和音乐创作。

里区诺斯基在4月份离世，他的私人交响乐队也解散了。雷苏莫斯基乐善好施的时期也结束了，四重奏乐队也随之解散。原里区诺斯基乐队的四重奏演出也遭到了同样的命运，没有人再举办此类活动。

劳勃高维兹为了逃避债务，也躲到布拉格去了。鲁道夫成了贝多芬仅有的经济来源，他仍旧住在皇宫里。贝多芬也常常见到他。弗朗兹和冬·白兰坦诺都回到了法兰克福，他们的父亲已经逝世了。贝多芬的异性朋友除了斯达丽去以外，很少有人再去看他。就连埃杜特也在1815年迁居到约特娄萨去了，不久又迁往克罗地亚。贝多芬也从谬尔格巴斯达的寓所搬到山娄斯丢达一所新公寓的三楼里。贝多芬站在窗户旁，他的视线穿过格拉雪斯和维顿，看到了美丽的多瑙河，还有隐约出现的卡本西亚。

贝多芬感到了从未有过的孤独。"每一样东西都是虚幻的。"他在1815年4月写信给卡恩加律师说，"友谊、帝国、贵族们，每一样东西都如同雾一样被吹散了！"几天之后，贝多芬又回想起过去的岁月、友情，这让他再次执笔写书。经过了1年的深思，贝多芬写信给卡兰特的卡兰·阿蒙达："我不断地想到你，我多么想成为像你一样的人，但是命运不允许我实现这个愿望。我孤独地生活在这个城市，与我爱的人被迫分离。"

从前矛盾的心理在不断地折磨着贝多芬，他需要朋友，亲密的朋友；但他也努力地不与他们交往。

"更多的是孤独！"他在日记中这样写道，"一个人终究是不会令人满足的。我想离开此地，住在乡里，或者住在宁静的森林中！"但不久，他又觉得"孤独的生活是有害的"。

贝多芬不再出现在贵族的家里了，也不再去教导他们的子女；浪漫的生活不再出现在他的生活中，真诚的朋友仍陪伴于他的四周，尽管他们是忠实的，但他们仍不愿光顾他独身而乱糟糟的住所。1818 年，贝多芬看见了他所喜爱的女人坐在马车里从眼前路过，这使他十分悲苦。

耳聋仍在折磨着贝多芬。"我比任何人都敏感，诅咒着自己早已坏掉的听觉。当我在人群中时，我只能感到痛苦与无边的孤独。"贝多芬的朋友们都了解他的个性，所以与他在一起时，也不需要讲礼节。贝多芬也不隐藏自己失聪的缺陷。朋友们都知道要靠近他的左耳边，以很大的声音同他说话。司蒂芬·冯·勃朗宁没有加入其中，因为他再次与贝多芬发生了一次争吵。林加在克罗地亚教小埃杜特拉大提琴，兰兹在伦敦，但仍有很多的朋友和他在一起。

贝多芬的弟弟卡尔的肺结核病已到了晚期，不能活太长时间了。贝多芬对他只有无限的怜悯，继而将关心转到了侄子小卡尔身上。小卡尔那时才 9 岁。查尔斯·莱德描述他是一个非常漂亮而聪慧的孩子。在卡尔去世之前，贝多芬还分几次替卡尔家庭偿付债务。他在给兰兹的信中说已替卡尔付了 1 万弗洛林的债务，"这样就可以让他生活得舒适些"。

贝多芬对小卡尔的关心日益加深，他不信任小卡尔的母亲，这个孩子也许是他终身唯一值得扶植的人，他对小卡尔的未来感到担忧。在卡尔死后，贝多芬获得了小卡尔的监护权。但是教育一个孩子，要照顾他的生活和教育，这对当时的贝多芬来说也并不是一件容易的事，因此他想找一个佣人。

但是，没有一个佣人可以忍受贝多芬毫无作息规律的生活，为他准备的饭他可能一口不动，甚至可能绝食，有时几天都不回家。因此，厨师就无法给他提供正常的餐食了。贝多芬还会长时间地睡觉，在自己的房间里。

贝多芬在9月里从巴登写信给琪阿拿达西奥和他的家人，邀请他们参观自己的"新家庭"，并且带小卡尔一起来。他还特地寄出请柬。番南·琪阿拿达西奥描述他们被招待的情形。贝多芬没有为他们准备好餐食，而是请他们到一个酒店里去进餐。他从侍者手中取了一份菜单，这是因为他听觉早已坏了的缘故。侍者大声地在他耳边说着，并注意到他的耳朵的一部分早已被灰白的头发遮盖了。

回到家里，当客人即将睡觉时，贝多芬道歉说，没有为他们准备休息的用品。而那位可爱的女儿却愿意整夜地练习钢琴，以便受到贝多芬的教导。贝多芬就睡在长沙发上，解决了睡眠问题。

贝多芬又对琪阿拿达西奥说，自己还没有做好接待小卡尔的准备，琪阿拿达西奥也没有感到奇怪。贝多芬将这一切归责于佣人："我的家庭就像一条破船，有关卡尔的所有计划和安排都是被这些人延误的。"

也许孤独和厄运使原本就有些骄傲的贝多芬更加的"不近人情"，但是面对辉煌后的孤独又有几个人能够用平常的态度来对待呢？毕竟打击和挫败感会暂时地淹没掉理智，这段孤独的时光需要时间来抚平吧。

第五节　在孤独中随性地生活

随性，可以是一种平静的随心所欲，是指为人处世、待人接物、幽居独处时的一种淡然、平和的心态。

因为孤独，所以随意

有一次，贝多芬去办点事情，回来的时候，他感到有些饿了，于是，便走进了一家饭馆，他找了一把椅子就坐了下来。这时，他正在沉思创作一支钢琴曲，不知不觉中，他抬起手，用手指就在餐桌上敲了起来，就像以往弹钢琴一样。

"咚咚咚，咚咚咚"，这有节奏的弹击吸引了不少人向他看来，他却毫无察觉。

就餐的人走了一批又来一批，人们都在私下议论着这个奇怪的人。一个多小时过去了，他还在有节奏地敲击着。这时，店老板过来想提醒提醒他，刚走到他面前，他一看店老板来了，立刻明白了这是在饭店里，于是便对老板说："请结账吧，多少钱？"

店里吃饭的人哈哈大笑了起来。店老板看他迷惑于人们为什么大笑，就说："先生，您还没吃饭呢！"

我们可以说贝多芬是充实的，也可以说他是孤独的。充实是因为他无时无刻不与音乐为伴，孤独是因为他每时每刻只有音乐为伴。但就是在这种只有音乐的孤独中，他随性地过着自己的生活。

人要不断经历成长，无论在人生的哪一个时期，只要能做到心静，就可以在人生的征途中获得自然的和谐，避开许多是是非非。心静自然凉，人们内心平静，自然就能够感受到丝丝清凉的凉意。在遇到挫折、困难时，如果我们能够放平心态，以一颗平常心去解决遇到的问题，就能够做到"心静自然凉"。

我们都知道达·芬奇吧，那个一辈子未婚、"文艺复兴三杰"之一的艺术家，他在有限的生命里创作出了《蒙娜丽莎》《最后的晚餐》《岩间圣母》《圣安娜与圣母子》等杰作；童真女王伊丽莎白也是一生未婚，却成了英国历史上最杰出的帝王；贝多芬也是一个人，却在孤独中创作了《命运交响曲》《英雄交响曲》，他因寂寞而有所成就；安徒生，那个鼎鼎有名的童话大王也是一辈子未婚，把毕生的心血都用在了童话创作上，才有了《丑小鸭》《海的女儿》等千古流传的名作。

这并不是说我们要单身，而是说，孤身一人的时候往往是我们最具有价值、最具有意义的时刻。一个人的时候正是人回归自然本性的时候，此时可以启迪心灵、思索世界，以最随性的心境过生活。可是有的人却耐不住寂寞，在尘世中追蜂逐蝶，他们固然可以和爱人卿卿我我、耳鬓厮磨，但他们人生中也少了些许精彩。而只有抛开世间杂念的人耐得住寂寞，才会有所感悟、有所成就。

人生在世总希望能做点事情、留下点什么，假如凡事贪图享受、不去创造，那么一生就会碌碌无为。而要去创作就要能耐得住寂寞，就要在一个人的时候去思索，去开发自己的潜能。像科学家爱因斯坦、牛顿，像哲学家释迦牟尼、孔子，像文学家司马迁、蒲松龄，哪一个没经过一个人寂寞的煎熬？这些寂寞的煎熬不是短暂的，有的是十几年，有的是一生。假如你耐不住寂寞，你就不会像他们一样彪炳千秋。

一个人的时候，能让自己看清人世间的沉浮起落。人生难免寂寞，总有一个人的时候，这时就要静下心来给心灵打气，惯看冷月春风，任那潮涨潮落。要是不会享受一个人的世界，当寂寞来临的时候就可能像怨妇一样去怨天尤人，不会去思索、升华自我，更不会像得道的禅师那样抛开红尘中的万事万物。

人生在世，大多数人要结婚、生子、赡养父母，但是假如没有那种福分，也要过好属于自我的日子，因为人不可能总有别人陪伴。当一个人长时间孤苦寂寞的时候，抱怨是无济于事的，而只有好好儿地走下去，才有可能在苦痛之后遇见甜蜜，在山穷水尽之后迎来柳暗花明。

不怕孤独，顺其自然

自然界千变万化，时刻都在按其内在规律演变着，只有顺其自然才是真理。我们都知道"拔苗助长"的故事：古时宋国有个人担心他的禾苗长得不够快，就一棵一棵地把禾苗拔高了，结果他儿子去看禾苗时，禾苗都枯死了。

这个故事说明，违反事物的发展规律，急于求成，反而会变得糟糕。在瞬息万变的当今社会，我们不能急于求成，凡事都要有个过程。就像写文章，你不论三七二十一，着急忙慌地写了一大篇，有什么用呢？文章贵在精，只有字斟句酌才能把文章写好。那些急于求成的人往往欲速则不达，事与愿违。

有一个小孩想看毛毛虫是怎样蜕变成蝴蝶的，他看到毛毛虫痛苦地在蛹中挣扎，小孩等得不耐烦了，就拿了一把剪子，把毛毛虫的外壳剪开了。小孩本希望毛毛虫能很快破茧成蝶，但没想到未经磨砺的蝴蝶蠕动了几下就死掉了。

多么让人惋惜的结果！毛毛虫变成蝴蝶需要一个过程，而这个过程是谁也无法超越的。其中的痛苦、其中的挣扎，只有毛毛虫才知道。大自然里的一切都有其发展规律，春去秋来、花开花落，谁也无法操控。一个人无法改变环境的时候，就应该顺应环境，过分地希望外界听从自己的意愿，往往是痴人说梦。我们知道，一个人不可能万事如意，当他发现事情不尽如人意了，他便会感到困扰，也可能抱怨，抱怨事实的不公。然而与其这样怨天尤人，倒不如以一种低姿态来顺应自然。

四川有一位年轻人去拜访禅师，他说他的生活不尽如人意，他已厌烦了目前的状态，请求禅师给他指点迷津。禅师只是笑着，什么话也不说，在那里给年轻人倒水。等水满了，禅师还在倒。

年轻人疑惑地说："大师，水满了，不能再倒了！"

禅师这才放下手中的水壶，对年轻人说："是啊，假如我们一直这样下去，不能顺应自然、适可而止的话，必然会带来意想不到的不良后果。"年轻人没有听明白，又问禅师："你说的是什么呀？我该怎么办呢？"禅师说："你看到早晨初升的太阳了吗？它每天都会东升西落。它并不会西升东落，你知道这是为什么吗？"年轻人摇摇头说："不知道！"禅师说："大自然的一切都有其发展的规律，既然现在的生活不适合你，而你又无法改变它，你就要试着改变你自己啊！"年轻人听后，顿时恍然大悟。

正如禅师所说，顺其自然是永恒之道，当人们无法适应生活之时，就要学会改变自己。山在那里，它不会动，一个人要想置身于山的怀抱，就要走向山。

有人说，顺其自然和耐得住寂寞有联系吗？当然有联系。我们知道，顺其自然是一种平淡的心态，耐得住时间的打磨。一个人不去顺其自然，就会忍耐不住目前的生活、急于求成，甚至做出不利于个人发展的事情来。由于不满足现状，与现实作斗争，往往会事与愿违。当然，这里并不否定改变自己使自己获得新生的人。

太阳每天都会升起，人们每天都在忙碌，对于这种大自然难以改变的现象，每个人都要努力去适应，要在时间的流逝中慢慢地激励、陶冶自己。没有人可以主宰所有的事情，但每个人却都可以把握自己，当确实无法顺其自然时，改变自己是最好的选择。

顺其自然是长久之计，会让一个人耐得了寂寞，在岁月的洗礼中慢慢地充实自己，看花开花落花满天，任情来情去情随缘，何等惬意。只有改变自己来适应自然才是长久的道理，没有谁可以超脱所有的束缚，一个人要想彻底地改变，必须要慢慢地努力顺其自然，在孤独中随性地生活。

第六节　在孤独中谋求人生的意义

在孤独中，你的眼光要看得远，能在幽暗中寻找自己的未来，并依据过去的经验积极规划人生的道路，探索人生的意义。

在孤独中将精神升华

维也纳会议之后，各国君主重新瓜分了欧洲。人民以非常惨重的牺牲换来了民族战争的胜利，而现在又再次陷入了水深火热之中。欧洲的历史又进入了一个较为反动的时期，封建主义开始全面复辟。

在维也纳，秘密警察制度再次得到恢复，任何人都得受到监视。出版、印刷、通信更是关隘重重。整个社会都笼罩着沉闷、窒息的气氛。统治阶级为了掩饰他们的白色恐怖的氛围，鼓励享乐主义和粉饰太平的艺术。

据当时的资料记载：政府大力提倡的是适合时代口味的、能转移人们对政治君主制关心的艺术。

一向以追寻民主、自由为理想的贝多芬敏锐地感受到了这一切。这黑暗的社会现实从反面促使他更加坚定了自己的理想。

贝多芬强烈的个性促使他不能表示沉默，他无法按捺住自己的不满，觉得一定要把话说出来。

在参加沙龙聚会之时，贝多芬毫无顾忌地发表自己的见解。他不仅把维也纳当局和奥地利政府骂得狗血喷头，还曾经指着皇帝的画像说："像这个可恶的家伙，应当把他吊死在树上。"为此，他甚至遭到了维也纳当局的起诉。

在那些日子里，维也纳到处都充斥着靡靡之音。贝多芬的音乐开始遭到了冷遇，这使贝多芬感到又气愤又痛苦。

"老师，不要多想，这些内容浅薄的音乐的生命力不会长久下去，您的音乐一定会重新绽放光彩。"黑特莱安慰他道。

"谢谢你，黑特莱！什么是真正的音乐，那些贵族们除了会欣赏芭蕾舞之外，什么也不看，除了赛马和舞女之外，什么也不喜欢，优秀的艺术已经不受人欢迎了。"

"老师，希望就在前面不远的地方。对了，早晨散步时，我听说了一件事，有个从匈牙利来的小小少年过两天要在这儿举行一场音乐会。他将演奏您的曲子。这孩子同少年莫扎特一样，是一个了不起的音乐天才。我想，您如果能见见他，对于一个崇拜您的晚辈是一个很大的鼓励，同时也会使您的心情轻松一些。"

"好吧！那我就去看看这个小家伙，他叫什么名字？"

"他叫弗兰兹·李斯特，已经来到此地。让我去安排一下吧！"他同贝多芬说再见后，就急匆匆地离开了这里。

黑特莱之所以这样积极地做这件事，是想让贝多芬在情绪太过于悲观之时、病魔缠身之际，重新燃起对音乐的希望。李斯特的到来或许能给贝多芬带来一丝安慰。

第二天，黑特莱领来一个身体瘦弱、相貌俊秀的小孩子。仆人开了门，将他们领到贝多芬的面前。

"老师，这位就是昨天我说的那位小音乐家李斯特。"黑特莱在便笺上写道。见到李斯特，贝多芬上上下下地打量了他一番，不觉眼睛一亮。

"孩子，你今年几岁了？"

"11岁了，先生。"李斯特恭恭敬敬地说，而且一边说着，一边将年岁写在了本上。

"李斯特，给我弹首曲子吧！"尽管贝多芬清楚自己什么也听不见，但还是说出了这个请求。他相信自己的直觉，多年来，他就是靠着这个感觉创作音乐。李斯特坐到了那架有着 6 个八度的豪华的"布劳伍德"钢琴前，开始弹贝多芬的《C 大调第一钢琴协奏曲》。

当他弹完一个乐章之后，贝多芬激动地从沙发上站起来，并拥抱了他，不停地吻着他的前额，轻轻地说道："孩子，你弹得不错！你继续努力吧，一定会取得成功的。知道吗？没有比这更好、更幸福的了！"

"谢谢你，先生。我了解您的意思。不过，我想……"李斯特睁着一双天真而又好奇的眼睛望着这位大师，又打量着这位大师那简陋不堪的住所，欲言又止。

"孩子，要问什么你就直接说吧！"贝多芬看出了李斯特有话要说。在李斯特心目中，贝多芬是一尊音乐之神，是乐圣。可眼前他所看到的一切令他失望。他没想到，宽大的房间里没有什么家具，全部家具中就数那架与整体不协调的钢琴最打动人。

一位音乐界的巨人就这样艰难地生活着，命运对他实在不公平。

于是，李斯特吞吞吐吐地说出了自己的失望与疑惑。贝多芬默默地望着这位小客人，脸上露出了慈祥的笑容。

"我的孩子，要想从事高尚而伟大的音乐事业，有时是要付出代价的。一个人，物质享受并不重要，只要内心宁静，清贫也是一种幸福。出于良知的呼唤，出于对人类的爱，我觉得幸福不应该只是索取，而应该是不求回报的奉献。"李斯特听了大师的一席话，不禁用力地点了点头。过了一会儿，他犹豫了片刻，有些不好意思地低声说道："我能见见您的家人吗，先生？"

贝多芬侧着耳朵，也听不清楚李斯特说的这句话。于是黑特莱在便笺上写出这个请示。

贝多芬哈哈大笑起来。

"对不起，孩子，这个世界还不允许我有家人！我真是一个永远的光棍儿啦！"

"没有家人，那您就不觉得孤独吗，先生？"李斯特又问道。

"孤独？"贝多芬不再大笑，低声地说，"也许，孤独就是我音乐创作的源泉，也许通向艺术事业的真正道路就是孤独。"

无意之中说出来的一句话，对于11岁的李斯特来说，也许过于深奥了。可是，这正是贝多芬心灵深处的高尚之音。

"先生，我的音乐会将在后天举行，希望您能出席。"临别之时，李斯特对贝多芬说，"如果您去了，我非常荣幸。"

"我一定去，孩子，我会为你加油的。"贝多芬一口应允，他的确很高兴看到如此出色的音乐少年。

4月的维也纳，风和日丽，天气晴朗。李斯特穿行于春光明媚之中，空中柳絮轻舞飞扬。新生的绿草像天上的星星一样眨着眼睛。

出乎李斯特意料的是，贝多芬能一口答应他的请求，看来别人对他的议论，例如冷漠如冰、目空一切等，这些并不公平，李斯特真是兴奋不已。

李斯特的音乐会如期而至，贝多芬的风采让人倾倒，音乐会上李斯特弹奏了贝多芬的作品《G小调钢琴奏鸣曲》。这首乐曲非常深刻地由一个独特的主题展示出激动人心的反抗和斗争的风暴。小李斯特十分出色地演绎了这一作品的内涵。

不用多想，演奏音乐会获得了成功。正如贝多芬预料的那样，李斯特后来成为欧洲的"钢琴之王"。

贝多芬没有因为自己的孤独就拒绝培养后辈新人，他愿意将自己的学识传授给后来人，让他们去创作，去进步。

有人说，伟人都是孤独的。正是因为他们思想和个性的独特，所以他们有着常人无法理解的孤独。我行我素的贝多芬当然是孤独的，但是他的这种孤独不是封闭自己，而是在一个不被打扰的空间去发现音乐，发现自己，发现人生的意义。

孤独是人生至高无上的境界。为何如此说呢？在孤独中，我们可以收获许多平常时候所无法收获的东西，它带给我们宁静，将我们从喧闹的人群中拉入幽静的山谷，让灵魂在这里得到净化与升华。

假使我们能够不畏惧孤独，以诚挚的心面对它，便可以使情绪变得平静，让双眼变得明亮，清楚地看到人世间的浮躁。这时，我们的大脑就能够摆脱重负，进行清醒的思索，从而使精神得到升华。

独行时要学会承受苦难

若你此刻也是孤独的，不要惧怕，你并不会因此而被排斥、被遗忘，相反，这正是你反思自我、丰满羽翼的时刻。它仿佛攀登高峰途中遇到的休息石，尽管四下无人，却可以使你好好儿地休息一番，待到精力充沛之时便可攀上巅峰，将群山尽收眼底。

巴尔扎克也是孤独的，从他小时候起，他便很少能享受到家庭的温暖，只是沉迷于书籍中，与文字相伴。大学毕业后，在父亲的安排下，他在一家律师事务所做事。

这本是一个极有前途的职业，但在当时的社会环境下，法律远没有发挥出应有的意义。巴尔扎克在律师事务所目睹了很多黑暗、虚伪的事情，于是他毅然地辞去了工作，希望以文为生，找到属于自己的生活。

巴尔扎克所走的这条路并不是一直顺利。刚开始时他写的作品不断地被退回，父亲又拒绝向他提供生活费，所以他负债累累，陷入了困境，三餐都难以为继，有时只能吃一点干面包。

这样孤苦无依的生活并没有击垮巴尔扎克，他依然乐观。如果没有什么东西可吃，他便用手指在桌子上画上很多盘子，上面写着"火腿""香肠""奶酪""蛋糕"等，然后在自己的想象中品尝着丰盛的"大餐"。

为了生活，巴尔扎克从事过很多行业，比如商业、印刷业等，但都没有做出什么成绩。

在这段艰苦的日子中，巴尔扎克花了700欧元买来了一根很大的手杖，上面还镶着玛瑙。他刻了一行字在手杖上："我将粉碎一切障碍！"这句豪言壮语支撑着巴尔扎克，使他在孤独中获得了方向与战胜困难的力量。

凡事有弊就有利，虽然巴尔扎克的经历比较坎坷，但对于写作来说却是不可多得的素材。在这期间，他一方面体会着世间的喜怒哀乐，一方面不断地学习哲学、经济学和历史等，积累了很多知识。

巴尔扎克取材于现实生活的长篇小说《朱安党人》问世时，一下子引起了轰动，为他带来了极大的荣誉，也使他成为法国批判现实主义文学的第一块基石。此后，他陆续写了《欧也妮·葛朗台》《高老头》等几十部小说，每一部都带给人们极大的震撼。

在独行时，所有的苦难都要自己承受，所有的感受都要自己体会。从这个意义上来说，孤独如同是一个有上下两个开口的玻璃瓶，一个瓶口通往天堂，一个瓶口接往地狱。

让思想在孤独中升华，让自己在孤独中谋求人生的意义。孤独可以使你以一颗简单、纯洁的心去面对生活，尽全力去拼搏，不断地超越自己、完善自己，使自己慢慢走向成功。"我不要独自一人，由于孤独实在是太可怕了！那种冰冷无助的感觉简直会令人窒息！"常常有人这样说，并且想方设法地逃避孤独，用尽各种方法消除孤独的感觉。然而，当我们对此感到害怕的时候，我们很容易变得头脑不清醒，选择一些错误的方法，最终使情况变得更糟。与其这样，不妨坦然地、用最单纯的心去面对孤独，排除杂念，以开阔的心胸去接受一切。你会发现，每个人都有一份独特的孤独，在那里有属于自己的天地。

人类的卓越成就离不开孤独和寂寞的淬炼。即使是平凡的你，只要能够耐得住寂寞，在寂寞中不断地努力，终有一天，你也会发出属于自己的光，发现人生的意义。

第 7 章

精益求精的创新之路

日本式的问题解决哲学是持续改善、精益求精，其核心思想是不断改进生产经营和生活中的一系列细节来达到提高效率的目的,他们认为"一定有更好的办法"。一个善于更新思维方式的人，能够使自己一直保持积极的心态，从而使自己在逆境中更加顽强，在顺境中脱颖而出，也能使自己变不利为有利，从优秀发展为卓越。

第一节　总有更好的办法

在遇到麻烦的时候，动动脑筋，看看有没有好的方法可以击败困难，使自己渡过难关。俗话说："只有想不到，没有做不到。"只有肯去想，才会有更好的办法。

不局限于一种方法

贝多芬因为不限制于一种方法而使自己有了那么多的作品。对于创新和精益求精来说，日本企业可以说有一定的代表性。日本式的问题解决哲学是持续改善、精益求精，其核心思想是不断改进生产经营和生活中的一系列细节来达到提高效率的目的，他们认为"一定有更好的办法"。在持续改善理念的指引下，机构中的每个员工，从清洁工到首席执行官，都可以提出改进建议。其核心理念就是："持续地将工作做好且不断地提高、改进，因为假如不这样，我们就无法和这样做的公司竞争。"推动持续改善的关键因素包括动员所有员工展开有效交流，让他们愿意做出改善、不断努力和追求品质。

在这方面最好的例子之一是丰田公司。在美国一家工厂，7000 名丰田员工在 1 年中提出了 7.5 万条建议。这个数字看起来如同是天方夜谭，但更加不可思议的是，所有这些建议都在工作中得到了落实。应用持续改善的理念，假设你正在寻找新方法来提高当前任务的生产效率。就在你开始思考这个问题的第二天，你找到了一种改善方法；第三天，你又想到了一种方法……很快，随着每天不断出现新的改进方法，你的工作效率大大提高。持续改进是一种习惯，经常在工作中提出改进意见的人会不断寻找能够带来更为迅捷的回报的改进措施。

比如说你的工作是包装产品并寄给客户。如果你目前在10分钟内能包6件产品，但你期望能够做出改进，于是头脑中总是想着要不断改善，经过一番探索和尝试后，你可能会在同样的时间里包装7件产品，然后是8件产品，9件产品……经过一段时间的改进之后，你会达到自身的极限，不管如何努力也无法提高了，但你最终还是大大提高了自己的工作效率。

持续改善理念也可以应用到工作中的其他方面。比如说，如果你是团队领导，你该如何领导自己的团队持续改善业绩呢？同样，你也可以用持续改善理念提高整个团队的工作效率。比如说你可以先明确任务，召开会议，收集反馈，克服困难，不断制定并想办法完成更高的目标。每天做出小小的改进，1周或1个月之后，你所积累的改善建议就会非常可观。

据说伟大的工业家安德鲁·卡耐基曾经雇用过一名工厂经理，此人对激励员工颇有心得。一天上白班的工人完成工作准备下班时，他在工厂地板上写了一个大大的数字"3"，显示他们的工作量。

上夜班的工人看到地板上的数字"3"后，以为这个数字代表的是白班工人组装的设备数量。为了鼓励自己做得更好，他们下班时，工长在地板上写了一个大大的"4"。

同样上白班的工人看到这个数字后，决心要超过夜班工人，在下班的时候在地板上写上了"5"，代表他们组装的设备数量。

这种友好的竞争一直继续，直到双方都再也没办法改写地板上的数字，这样生产就回到了一个比较平稳的状态。尽管如此，工厂的产量已经大大高于"竞争"前的水平！

就这样，通过简单的几个数字，这位经理就创造出了一种创新的氛围，成功地刺激了生产，帮助工厂实现了更高效益。

进步在于集思广益

多家公司会使用员工意见箱，因为这样很有效。谁知道好的创意会突然从哪儿得出来呢？工作线上的新员工或是有 20 年工龄的老员工都可能为公司提出好的建议。

有时看起来平淡无奇的想法可能会给整个公司带来巨大的变化。中层或高层管理人员发现了这个想法并开始付诸行动，过一段时间后行动有了效果，好了，好事很快就接踵而至。

有些公司，比如说康涅狄格州哈特福德市的旅游保险公司，会给提出节约成本方案的员工现金奖励，奖励的金额是公司在采纳该建议后 12 个月内节约的总费用的 1%；还有些公司对提出建议的员工予以表彰，有些机构中，所有的建议都是以匿名方式出现，有些机构则允许提出建议的人自由选择是否署名。

如果你是公司领导，请你一定要建立意见箱。因为这样你花很少的钱甚至不花钱，就可以让创意不断涌现，让每个人的工作都变得更加轻松惬意。

很多年前，强生公司曾经面临过一次危机：有人伪造了该公司生产的瓶装泰诺。在全国范围内召回泰诺不仅成本巨大，而且也给公司的信誉带来了毁灭性的打击。但公司领导层丝毫不惧，为了平息公众的忧虑，重新获得大家的信任，公司在全美范围内召回了所有的瓶装泰诺。这样虽然公司短期内在经济上承受了重大损失，但这种做法的长期收益却非常可观。消费者和经销商对强生产品的信任有增无减，强生的信誉得到了保护。直到今天，当年强生公司在危机面前采取的大胆行动和快速反应仍为人津津乐道。

经历了这次事件之后，强生公司发明了一种新的包装设计——防伪标签。这种标签就是一层薄薄的、可以封在瓶口处或瓶盖下面的薄膜，价格低廉，但效果却非常明显——一旦产品被打开过，就会留下非常明显的痕迹。时至今日，防伪标签已经成了很多产品——特别是非处方药包装上的必备元素。

绝大部分时候，我们都会认为，有效的解决方案一定会成本高昂，成本低廉的解决方案往往效果也会很差。相信我，这完全是个误会。在遇到问题并列出一系列解决方案时，你完全可以首先考虑那些成本低廉甚至不需要成本的——要知道，一个解决方案的价值不在于它要花掉你多少钱，而在于它能否有效地解决问题。

"总有更好的办法"教给我们的是一种永不满足的心态。只有我们不满足于一个答案，我们才能用拓展的眼光去发现更多的办法；只有我们不满足于知其然，我们才能够继续学习，去知其所以然；只有不满足于现状，我们才能够开拓出更多的创新之路。

第二节　挖掘创新的灵感

每个人都会在潜意识里存在与自己热爱的事业相关的灵感，无论是普通人还是伟人，只要对自己的事业坚定不移，或许在某个机缘巧合下就会灵光一现。

《月光曲》的灵感

春末夏初的维也纳简直异常美丽。湛蓝的天空像空阔安静的大海，没有一丝云彩。初春的细雨温柔地洒在人的脸上，也湿润了人们的心田。

就在这美好的、充满蓬勃朝气的时节，贝多芬举办了他的第一次独奏音乐会。这次的独奏音乐会是在奥地利国立宫廷剧场举行的，这足以证实了贝多芬的雄厚实力。就在这场独奏音乐会的前几天，贝多芬发表了他的新作品大交响曲。

交响曲往往是代表一个作曲家实力的表现。早已名噪乐都的贝多芬到30岁才开始发表他的交响曲，所以获得了各方面的热切关注。

这天，维也纳街上贵族们的马车纷纷奔向宫廷里的豪华剧场。衣冠楚楚的绅士、淑女在辉煌的灯光下兴奋地交头接耳议论着今晚的演奏。

同以往一样，这次的演出取得了成功。可是，这一段欢乐的时期并不长久。不久之后，黛莉雅的母亲勃伦斯比克伯爵夫人把贝多芬唤了去。

伯爵夫人语重心长地说："作为母亲，我爱我的女儿，希望她能实现自己的愿望。可是，我无法说服固执的丈夫。他说得也有道理，你在音乐方面的造诣的确很高，今天你走红维也纳，可是这声誉到底能维持多久呢？"

贝多芬一时无言以对，脸色变得苍白，从幸福的漩涡中一下子跌入深渊里，他的嘴唇也在不断地颤动。失去黛莉雅，就等于失去了他的幸福，失去了他的生命！

在失去爱情的痛苦中，贝多芬沉痛地走出伯爵的府邸，一个人苦恼地在街头漫步。

一天晚上，贝多芬出来散步。他沿着广场一侧步入了一条小巷。忽然一弯新月升上天空。一阵清风掠过，一阵阵断断续续的钢琴声也吹进了他的耳中。

贝多芬侧耳细听，弹的正是他的作品。顺着这琴声他终于来到了一座小木屋门前。在这陋巷里居然有人能弹奏他的作品简直是奇迹。他刚要举手敲门，琴声却突然停了下来，接着传来了一位少女的声音。

"哥，这首曲子对我来说真是太难弹了，我只听过别人弹过几遍。什么时候能听一听贝多芬亲自弹琴，那该多好呀！"

"是啊！但音乐会我们实在去不起。"一个男人叹了一口气。

听到这里，贝多芬轻轻推开门走进屋里。

借着微弱的烛光，贝多芬看见一个男子坐在小凳上缝皮鞋。一个十六七岁的少女坐在一架破旧的钢琴前面。她身穿一身白色的衣裙，长着一双非常漂亮的眼睛，但眼睛却是盲的。

那缝鞋的男子看见走进来一个陌生人，赶忙站起身来问："先生，您找谁？""方才听到有人弹琴，不知谁在弹，很想听一听。"

"哦，那是我妹妹在弹琴，她非常喜欢音乐。"

哥哥对妹妹说："妹妹，这位先生想听听你弹钢琴，你弹弹吧！"

少女开始了弹奏，还是那首贝多芬的钢琴奏鸣曲。弹着弹着，她突然停下来了，悲伤地说："这里我总是弹不好，要是能听一次贝多芬先生的演奏就好了。"

贝多芬走到少女身边，温柔地说："来，让我试试看。你仔细听。"

少女连忙摸索着站起身来让座。贝多芬坐在琴凳上弹起刚才姑娘弹的那首曲子来。

一曲终了，少女激动地说："先生，您弹得真是太好了，我从来没有听过这么美的曲子，我觉得只有贝多芬才能演奏出这样的意境。"少女停顿了一下，像在思索着什么。

一阵风吹灭了蜡烛，月光照进了窗子，小屋里的一切都像披上了一层清幽的银纱。贝多芬透过如水的月光，看到白衣少女像一尊大理石雕像一样洁白纯真，令他乐思泉涌，贝多芬微笑着对少女说："为了纪念这个美好的夜晚，我再来弹一曲吧！"

说完，贝多芬的 10 个指头轻快地在琴键上跳跃，一首新的奏鸣曲产生了。贝多芬弹完，少女高兴地问："这是一首什么曲子？"

"还没有命名，你看应该取个什么名字？"少女认真地思考了一会儿，说："我没有看见过月光，我想月光就像这首曲子一样美吧！"于是，贝多芬的《月光奏鸣曲》就这样诞生了。

兄妹俩就在如水的月光下安静地倾听，他们好像面对着大海，看着一轮明月缓缓地从水天相接的地方升起来。微波荡漾的海面上，刹那间洒满了银光。那月亮越升越高，穿过一缕一缕轻纱似的微云，来到了他的头顶。

贝多芬弹完了最后一个音符之后，顾不上同正沉醉在乐曲的袅袅余音中的那对兄妹话别，就急匆匆地跑回了自己的居所。因为他要赶快把自己刚才即兴演奏的这首乐谱记录下来，并把它题为"献给黛莉雅小姐"。这首曲子被后人称为《月光奏鸣曲》，它充满激情，令人难忘。

每一个伟人都会在潜意识里存在与自己热爱的事业相关的灵感，普通人也一样，只要对自己的事业坚定不移，或许在某个机缘巧合下就会灵光一现。因此我们要善于挖掘创新的灵感，为自己的事业、为自己的人生增添色彩。

相信每个人都有过这样的经历——你正在淋浴、在蒸桑拿，也可能正躺在床上，突然之间灵感敲门，烦扰你多日的问题终于找到答案了！

似乎当我们什么都不想的时候，灵感反而更容易悄然而至——这就是所谓的"尤里卡效应"。

创新来源于灵感

曾经有一个与希腊科学家阿基米德相关的故事：一天晚上，他跳进浴盆，准备好好儿洗个热水澡，刚进澡盆，他便忽然大叫，"找到了！找到了！"然后他光着屁股兴奋地冲上了锡拉丘兹的大街。

原来阿基米德一直在思考怎样为国王断定自己的王冠是否被掺假了，由于不能损坏王冠，而且当时人们还没有"密度"的概念，所以这让他很是为难。就在跳进澡盆的那一刻阿基米德发现，由于自己的进入，澡盆里的水也相应溢出了一些，一瞬间阿基米德醍醐灌顶，并最终查明皇冠的真相。类似的故事还有，就好像我们那位伟大的科学家伊萨克·牛顿也是在苹果树下被苹果砸中脑袋才发现"万有引力定律"的。

无论这些故事是真是假，有一点是可以确定的，它们都推动了科学的发展，并最终让我们人类受益无穷。"尤里卡效应"往往都是多年辛勤付出的结果。在其大作《超绝生物学》一书中，作者约瑟夫·奇尔顿·皮尔斯曾经讲过一个故事：

数学家威廉姆·汉米尔顿曾经用了15年时间研究一个数学方程，最后，就在他感觉极度失望，准备放弃的时候，他突然灵光一闪，答案出现了！

皮尔斯认为，寻找答案的过程至关重要，即使看起来毫无进展，但实际上，我们会在这个过程中积聚大量势能——因为在这个过程中，人的大脑会始终保持高度活跃，各个神经元之间会不停地形成连接，答案随时可能会出现。俗话说："幸运只光顾有准备的头脑。"

如果你想要在工作中成为创新高手，在遇到一时无法解决的难题时，不要轻易放弃，用心去探索，答案一定会找上门来。《狂喜》的作者马格哈里塔·拉斯基曾经将"尤里卡效应"归纳为 6 个步骤：提出问题，寻找答案，遇到瓶颈，放弃希望，实现突破，解决问题。

灵感不是轻易就会上门的。人类历史上的创新高手都是提问高手。他们在日常生活中看起来都普普通通，吃喝拉撒跟常人无异。

皮尔斯发现："成功人士和非成功人士的区别在于，成功人士在失败之后再反复尝试很多。"在创新的道路上，千万不要做稍有成就便志得意满的兔子，要学做埋头向前的乌龟。幸运会青睐能坚持的人，念念不忘，必有回应。

创新是一个渐进的过程，一次加上一点思考，就像做拼图游戏一样，最终便会柳暗花明。在其中某段时间，你肯定会感觉毫无进展，但千万别放弃，思考的过程本身就可以给你的大脑数据库注入更多的能量，从而把你一步步带向答案。集腋成裘，量变引起质变，直到有一天，电光火石间灵光一闪，一幅美丽的图景便会显现于眼前。

所以，碰到一时解不开的难题千万别放弃，先把它保存进大脑，一有时间就想一想，思考本身就有价值。下次当你漫步雨中，观赏风景，或者在高速公路上奔驰的时候，"尤里卡效应"或许会不经意间出现。

第三节　自由是创新的基石

根本的自由不是从某样东西里解脱，它是自由的头脑和心灵的一种品质。没有这种自由，人类就只是一部机器，生存就是痛苦。

——克里希那穆提

有自由才有创新

印度卓越的心灵导师克里希那穆提在《最初和最终的自由》中写道："根本的自由不是从某样东西里解脱，它是自由的头脑和心灵的一种品质。没有这种自由，人类就只是一部机器，生存就是痛苦。"自由是生命中最重要的因素。没有内在的真正自由，我们就不会快乐、安详；没有心灵的根本自由，人类就只是一部机器。

一个年轻人来到禅院，问禅师："什么是团团转？"

禅师随口答道："皆因绳未断。"

年轻人吃惊地问道："你怎么知道的？我在来的路上看到一头牛被绳子拴了犄角缠在树上，它想离开树到草地上吃草，结果它转过来转过去都不得脱身。师傅没有看到那头牛，怎么一下子就知道我所说的呢？"

禅师笑了笑，说："你说的是事，我说的是道。你问的是牛被绳索拴住而不得挣脱，我说的是心被俗物缠绕而不得自由。"

我们每个人都像那头牛一样，被金钱、声望、名誉、地位、忧愁、恐惧、痛苦、冲突等外物的绳索牵引着，在得与失、生与死之间团团转，不断挣扎而不得自由。在这样团团转的状态里，我们的自由被一根无形的绳子牵引着，只有挣脱束缚，我们才能得到自由。

细细思考，人类发展的轨迹，大抵可归结为两个字——自由。在自由的范畴里，起主宰意义的是思想自由，其次是言论自由，言论是思想的语言表达，学术则是思想和语言的文字反映，在这个反映的进程中，只许有一种思想和一种声音，思想运动就会停滞不前，允许有多种思想和多种声音共生，新的正确理念才能在竞争中得到确立和发展，这就是思想运动的客观规律。

因自由而创新，因创新而进步

早在两千年前，秦始皇统一中国后，关于选择什么样的国体形态存在两派意见，一派认为应该实行商周时期的分封制，只有这样才能对一个泱泱大国实行有效的管理，而另一派以李斯为首的则认为分封制是重蹈周王朝灭亡的覆辙，是为动乱埋伏祸根，不利于国家的长治久安，建议废除分封，实行郡县制，秦王权衡利弊，一票否决分封制，采纳了李斯的建议，实行了高度中央集权的郡县制度。

但是后来私底下一些文人学士对此颇有异议，特别是一个名叫淳于越的儒生又重提分封子弟为诸侯王的事情，遭李斯痛斥一番，这一次秦始皇没有采用反对无效的方式处理此事，而是听信李斯的极端言论，对议论朝政的人和事进行打击禁绝，从而引发了历史上著名的"焚书坑儒"，他不仅坑杀了460多名儒生，而且还把除医药、种植、卜筮之外的书籍几乎全部焚毁，使中国古代文化遭受了一场浩劫。

这件事表面上看是一场国策之争，事实上是对思想自由和言论自由的一次沉重打击，在之后漫长的封建社会中产生了极其恶劣的影响。

历史进入汉王朝，应该说汉高祖刘邦在思想自由和言论自由方面还是比较豁达的，能够容纳不同的思想和听取不同的意见，而且敢于以厚道薄儒的文化指点自己的政治生涯。但到了汉武帝时期，情况变了，"罢黜百家、独尊儒术"成为唯一的国策思想，普天之下只有一种思想、一种文化和一种声音，思想自由和言论自由再一次遭受封杀，自此中国思想文化的紧箍咒几成定势，儒家文化几乎成了所有封建王朝的主流文化，深深地制约着中国人的思维空间和思维方式。

中国封建社会先后产生过 220 多位皇帝，唯有唐太宗李世民让后人推崇备至而万分景仰，他那宽广的胸襟和虚怀若谷的度量不仅超越了国界，而且超越了时空，即便是在 21 世纪的今天，他也丝毫没有降低人们对他的仰慕，并且成为不少国际政治家、军事家乃至企业家的楷模。他那对人性的开放态度和对思想的宽容气度令后人都无法企及甚至汗颜，他海纳百川，广开言路，虚怀纳谏，举贤任能，开一代自由之风，终于成功地演奏出中国封建社会最华丽的篇章——贞观之治。

只可惜唐代开创确立的自由之风，在此后宋、元、明、清诸王朝的一千多年里未能得到很好的继承，反而人民的自由权利被压缩在统治阶级的政治字典里，不得越雷池半步，这终使大汉民族长期处于小农经济而不能有所突破，终使大汉民族成为科技文明享用国，而不是科技文明创造国，道理很简单，没有自由，何来创新，同样没有创新，又何来进步。

思想自由和言论自由是自由和创新的基础，没有了这个基础，其他任何自由的产生和发展都是极其艰难的，没有了这个基础，其他任何创新成果的产生和发展都将成为无源之水和无本之木，中国以千年的停滞不前为此付出了沉重的代价，足以惊醒万世。

人是有思想和会思想的动物，但人与人之间既有思想的统一性，也有思想的不统一性，更多的表现为不统一性，而不一致中则同时存在着真理和谬误，人们总是在检验谬误的过程中确认真理，在检验真理的过程中抛弃谬误，二者互为博弈，求得思想的正确性。正是这种自由的土壤才能培育出创新的种子，将新事物带到我们的生命和生活中来。

第四节　用创新力挑战权威

没有永远的权威，只有永远的创新。每个行业、每个领域都存在各自的权威，这就需要经理人有着理性的头脑和坚定的信念来带领团队作出创新。

创新缔造成功

1981 年的咖啡产业已经进入成熟期，正在经历残酷的价格战。咖啡在美国的人均消费从 1961 年 833.1 杯逐步下滑，并且预计这种情况会延续到 20 世纪 80 年代末。这时候可以说是进入咖啡行业最糟糕的阶段。

霍华德·舒尔茨注意到西雅图的一个小零售商要购买一批咖啡机，他去拜访了当时的星巴克咖啡、茶与香料公司，并在 1982 年离开了原本待遇优厚的工作，开始做星巴克公司的市场负责人。

在 1983 年去意大利的旅行中，舒尔茨发现了欧洲的浓咖啡吧，在那里人们一边喝咖啡一边交谈，享受咖啡馆轻松愉悦的氛围。那时候美国还没有这样的咖啡馆，星巴克公司也只卖咖啡豆和咖啡器具，不卖煮好的咖啡。舒尔茨看到了咖啡馆在美国的前景和市场，他决心要在美国兴建这样的咖啡馆。当他把这个激动的想法反映给公司时，公司却并不想对此作出投资，因为长期以来美国的咖啡文化一直如此，他们公司也有了固定的销售模式，谁也不愿意冒这个险。

舒尔茨认为成功就是要"看到别人看不到的方面，并努力去追求这种愿景，而不用管别人说什么"。后来他终于获得公司的认可，在星巴克公司的一个角落建一个咖啡吧，出售煮好的咖啡。虽然这个尝试取得了很好的效果，但是公司的创立者们坚持他们长期以来的权威经营方向，不愿意做出任何改善。

1985 年，舒尔茨为了实现自己的想法，离开了星巴克，自己建起了咖啡吧，人们都说他不可能改变美国人对咖啡的观点。但实际上他做到了，两年后他买下了星巴克。他不仅打破了美国咖啡行业的权威，也改变了美国人对咖啡的认识和消费方式。

再看看星巴克还做了哪些违背权威的做法。其他零售公司只给雇员们最低工资，也没有任何津贴，星巴克却为雇员提供股票期权及各种福利，甚至对兼职者也提供优厚待遇。其他的咖啡买主借口市场萎缩而减少给咖啡种植者的付款时，星巴克却坚持价格不变，赢得了咖啡种植者的忠诚，也保证了优质咖啡的长期供应。星巴克还发明了咖啡预售卡，大大提高了销售量。星巴克还曾联合美国联合航空公司为乘客提供咖啡，与卡夫合作销售原装咖啡豆，与百事可乐公司合作推出瓶装咖啡饮料，与分销商 Dreyer 合作生产了咖啡冰淇淋，与 VISA 合作推出联名信用卡，买下了 Hear1 Music 公司发行上千万张星巴克 CD，还推动 wifi（无线网络）应用……

"星巴克的优势在于创造力、创新性、冒险精神和梦想。一个公司成长到这个规模，你就必须平衡创新和扩张的矛盾。我喜欢用勇气来描述创新的能力，鼓励创造性的冒险创业精神。大公司是需要勇气的，要勇敢地看到他人所看不到的东西，并且勇敢地走下去。"

星巴克坚持创新，不断突破传统权威。后来它开了两家全新的店，不再单一做咖啡。两家店分别为"十五大街咖啡与茶"和"罗伊街咖啡与茶"。假如当时的星巴克公司坚持自己的传统发展道路，可能几年后便会在不景气的咖啡行业中默默结束经营了。没有舒尔茨突破权威的做法，星巴克不可能变成现在全球知名的连锁品牌，不可能成为人们生活中不可或缺的一部分。

如何才能成功地挑战权威

怎样才能成功地挑战权威，取得创新成功？关键要做到以下几点：

1. 勇敢坚持。"看到别人看不到的方面，并努力去追求这种愿景，而不用管别人说什么。"很多成功来源于看到了别人忽略的机会，这个机会中包含了市场微小但必然会扩张的发展趋势。并不是人人都会注意到这样的机会，只有深入观察、善于思考的人才会察觉到这些机会。这就是为什么当个别人提出了这样的想法，却得不到其他人的认同。人们可能根本没有看到这个机会，或者即使看到了他们也宁愿保持现状。但没有改变就不会有前进，要想取得新的进步，就需要利用好这样的机会。周围的人们会说这根本不可能，会尽力劝阻甚至嘲讽一些新想法。但是新想法应该接受市场的考验而不是受他人说法的影响。大胆坚持新想法，这时候就拥有了一个可能创造一片新天地的机会。

2. 巧妙迂回。案例中舒尔茨的新想法做了改革性创新，虽然取得了成效，但仍然抵不过传统权威的行业观念。舒尔茨没有再做无效的对抗，而是采取了巧妙的迂回的方法。他开创了新的思路实施创意，在创意取得一个阶段的成功后再反过来购买星巴克。大多数时候，新想法的实施并不是顺利的，它需要实施人具备足够的自信和耐心，利用巧妙迂回的方式，最终达到目的。

3. 承受失败。在案例中我们看到了很多成功创新的例子，但是不要忘了，这些成功创新是建立在更多失败创新的前提上的。一家精心利用家具装饰把店铺布置得像家一样的星巴克店铺曾经就失败了。另外星巴克对连锁店的基础建设扩张已经超过了企业成长的曲线。因为扩张过于迅速甚至无序，星巴克在店面设计上也相对粗糙而缺乏细节，它们逐渐失去了曾经美好的体验和"第三空间"的浪漫。星巴克在创新过程中还经历了许许多多的创新失败。但可贵的是，它们没有就此停下坚持创新的脚步。"每个人都会犯错误，这很正常。但问题是你面对错误的态度是什么？你是否吸取教训？我很骄傲现在星巴克运作更加健康。"

每个行业、每个领域都存在各自的权威，这就需要经理人有着理性的头脑和坚定的信念来带领团队作出创新。没有永远的权威，只有永远的创新。权威的存在正是需要接受创新的不同突破——产品技术、商业模式、销售策略、服务方式、管理体制等。

第五节　在忘我中创造精神的乐章

当贝多芬的情感宣泄出来的时候，他就会暴躁起来，将他的精神也转到这一乐章中去，他会细察心中之所有而找到更丰满的音调，谱写精神的乐章。

创作贵在一种忘我精神

贝多芬往往把自己的即兴创作写在纸上，然后交给出版商去出版。他的乐谱出版以后，使他更为成功了。到了 1801 年，他的作品号数已到达了 21 号，那就是说他已奉献给大众 12 首钢琴奏鸣曲、5 首小提琴和 2 首大提琴奏鸣曲，另外还有 8 首三重奏，室内乐的不同组合，许多变奏曲和歌曲，若再加上第十号作品悲怆奏鸣曲、七重奏和歌曲，他所得到的佳誉已是非常多的了。

但是，即使这样，贝多芬还是时刻面临着危机。贝多芬早期的危机来自于一班年老的音乐家，他们都认为这个年轻的孩子太狂傲自大，觉得他是一个自以为决不会有错误的天才，而"踏着鲁莽而不正的步履"。

他们不知道贝多芬不是"踏着鲁莽而不正的步履"的人，小心的作曲家是一步一步谨慎地踏在平地上，而贝多芬能估量自己的力量，在绝对有把握的时候才会变得有些鲁莽。独断而不正直的批评是不值得去辩解的。

1796 年所作的一些乐曲中充满了丰富的感情，1797 年钢琴和管乐器五重奏的乐章缓慢，1780 年《C 小调》奏鸣曲和《D 大调》第十号作品悲怆奏鸣曲富有伸缩力，这些作品已成为音乐史上新的一页。

贝多芬渴求手指下的琴键绝对地服从他的思维而发出动人的音乐，他找到了新鲜、引人轻松而有力的高低调和，松弛了几乎断裂的弦线和曲子过长所造成的紧张，但是他依然忘我地去创作，新的音乐便从这里启程了。

以忘我的精神谱写生命的乐章

贝多芬努力创作，1799 年完成了第一交响曲和第十八号作品 6 首四重奏，但都带有海顿的风格。他的谨慎是基于尊重莫扎特和海顿所作的交响曲和四重奏的高度成就，这年轻而有野心的心灵中亦是存有崇敬的。

贝多芬不做不能实现之事，他不可能有紊乱的思想，那时他不过是忍耐地等候着。许怀登不能催促他赶紧完成一首交响曲，在没有得到概念之前，他连一首四重奏也作不出，但灵感一至，就立刻完成了 6 首。他平常沉浸在李希诺夫斯基所举行四或五重奏之演奏气氛中，静听着权威的海顿奏着美妙的音乐。

王子和他的演奏者曾劝贝多芬试作一些他们想作的曲子，当然他们很敏锐，不会勉强他，当6首四重奏第十八号作品问世以后，对于贝多芬奇异的革新，听众都认为这是他天赋的特性，他能够立刻抓到音乐之关键，但还没有充分的自信心。

莫扎特是一个感情极强而富有经验的人，他的《G小调》交响曲中的和缓乐章是如此触动人心，贝多芬同他一样，极有判断力，而这正是海顿所缺少的，他写的交响曲不敢越出自己的范围一步，如一只驯服的绵羊，有时他又慢慢地好像改掉了这缺点，热情逐渐发扬。

海顿的作曲是非常美丽的，贝多芬早年时也学习他这种方式，但他却弄得很凌乱，而海顿却从来没有过，贝多芬学不到他所崇拜的大师也是一件可喜的事，因为他找到了自我。

他对崇高的文艺也颇能了解，因为他对这些东西也正需要。学习如何使得音乐的力量能够增强？文学只不过稍微地让贝多芬受到了震动，因为贝多芬"知道的就去建立它"。可能他坚强的信仰力是从幼成长的，无条件地接受了他人之所赐，从来没有一个像他这样正直而未受过良好教育的人能有如此坚强的信念。

第十二号作品3首小提琴奏鸣曲被称为"过分的难奏"。贝多芬照着自己的步法走着，不为人言所动，执着地走着，那是一种何等奇异而简单的步法啊！贝多芬不需要这些人来评说他的对错，这些人所证明的是要使世界知道他是一个错误百出的人。

新近出版了两首钢琴协奏曲，并没有受到推崇，他又作了一首新的《C小调》协奏曲，仍然没有反响。他开始感到收入少的痛苦，他不明白自己的危机即将来临。但假使他们能看到他的第三协奏曲，就一定会对《C大调》第一钢琴协奏曲重新进行评价，看法就大不一样了。然而，曲高和寡的现象到处都会发生，当时又有多少人能真正理解这个奇人呢？

贝多芬始终是闻名于世，有口皆碑。一剧院请他作一首芭蕾舞曲，向玛丽亚茜丽柴致敬，他就作一首"普罗米修斯"，在

1801 年 3 月里演出，效果好极了，这证明了他是有能力代剧院作曲的，他想进一步与别的作曲家竞争。

假如贝多芬在官方所给他的荣耀面前满足并停滞不前的话，他大可以写一些抒情的歌剧，就会生活得很满足和轻松，或者继续写一些讨巧的"小玩意"，也可以变得很有钱，进而成为欧洲每个人心灵中的偶像，但是他的使命并不是如此。他缓慢的乐章中又激发出新的热情来，这显然是经过深奥和艰难的处理，神经过敏的崇拜者对于贝多芬的固执会感到失望，他们不会知道另有一股力量存在于贝多芬顽强的精神中。

他为了艺术的目标而站在谦逊的立场上，他的精神是搜寻和测验。当他的情感宣泄到外面来的时候，他就会暴躁起来，将他的精神也转到这一乐章中去，细察心中之所有而找到更丰满的音调，同时其所表现的技巧和展开程度也趋向一致，他也会察觉到有什么重要的东西凝聚在身体内。正是这种随心所欲、忘我创作的精神使贝多芬谱写了一部又一部华丽的乐章。